大家小书

中国历史讲话

熊十力 著

北京出版集团
北京出版社

图书在版编目（CIP）数据

中国历史讲话 / 熊十力著. — 北京：北京出版社，2020.12

（大家小书）

ISBN 978-7-200-15094-0

Ⅰ.①中… Ⅱ.①熊… Ⅲ.①中国历史—研究 Ⅳ.①K207

中国版本图书馆 CIP 数据核字（2019）第172761号

总 策 划：安 东 高立志　责任编辑：高立志　魏晋茹
责任印制：陈冬梅　　　　装帧设计：金 山

·大家小书·

中国历史讲话

ZHONGGUO LISHI JIANGHUA

熊十力 著

出　　版	北京出版集团
	北京出版社
地　　址	北京北三环中路6号
邮　　编	100120
网　　址	www.bph.com.cn
总 发 行	北京出版集团
印　　刷	北京华联印刷有限公司
经　　销	新华书店
开　　本	880毫米×1230毫米　1/32
印　　张	5.375
字　　数	86千字
版　　次	2020年12月第1版
印　　次	2023年5月第2次印刷
书　　号	ISBN 978-7-200-15094-0
定　　价	38.00元

如有印装质量问题，由本社负责调换
质量监督电话　010-58572393

总　序

袁行霈

"大家小书",是一个很俏皮的名称。此所谓"大家",包括两方面的含义:一、书的作者是大家;二、书是写给大家看的,是大家的读物。所谓"小书"者,只是就其篇幅而言,篇幅显得小一些罢了。若论学术性则不但不轻,有些倒是相当重。其实,篇幅大小也是相对的,一部书十万字,在今天的印刷条件下,似乎算小书,若在老子、孔子的时代,又何尝就小呢?

编辑这套丛书,有一个用意就是节省读者的时间,让读者在较短的时间内获得较多的知识。在信息爆炸的时代,人们要学的东西太多了。补习,遂成为经常的需要。如果不善于补习,东抓一把,西抓一把,今天补这,明天补那,效果未必很好。如果把读书当成吃补药,还会失去读书时应有的那份从容和快乐。这套丛书每本的篇幅都小,读者即使细细地阅读慢慢地体味，也花不了多少时间，可以充分享受读书的乐趣。如果把它们当成补药来吃也行，剂量小，吃起来方便，消化起来也容易。

我们还有一个用意，就是想做一点文化积累的工作。把那些经过时间考验的、读者认同的著作，搜集到一起印刷出版，使之不至于泯没。有些书曾经畅销一时，但现在已经不容易得到；有些书当时或许没有引起很多人注意，但时间证明它们价值不菲。这两类书都需要挖掘出来，让它们重现光芒。科技类的图书偏重实用，一过时就不会有太多读者了，除了研究科技史的人还要用到之外。人文科学则不然，有许多书是常读常新的。然而，这套丛书也不都是旧书的重版，我们也想请一些著名的学者新写一些学术性和普及性兼备的小书，以满足读者日益增长的需求。

"大家小书"的开本不大，读者可以揣进衣兜里，随时随地掏出来读上几页。在路边等人的时候，在排队买戏票的时候，在车上、在公园里，都可以读。这样的读者多了，会为社会增添一些文化的色彩和学习的气氛，岂不是一件好事吗？

"大家小书"出版在即，出版社同志命我撰序说明原委。既然这套丛书标示书之小，序言当然也应以短小为宜。该说的都说了，就此搁笔吧。

熊十力先生其人其书

王守常

现在大家都知道熊十力先生是著名学者,最有创新的哲学家。可是在20世纪80年代初,熊十力先生为人为学,除了老一辈学者之外,大家全然不知道这个名字。1984年我在北京大学图书馆借熊先生的书,在他的《新唯识论》一书尾页借书凭证的记录上只有1943年的借书记录,可知40年来没有人读其书了,遑论其人其书了。80年代改革开放之风给学术界吹来春风,长期成为禁区的中国近现代思想史、哲学史研究也开启了新的进程。

1985年美国学者杜维明教授在北大哲学系开了一门新儒家的课程,主要讲述港台新儒学思想理论,听课者有本校学生,也有慕名来听课的外校人员。这门课对那个时代学习研究新儒学起到很大推动作用,让大家对长期以来所熟悉的哲学史研究的方法逻辑有了新的视角。同时让人们知道港台地区研究新儒学思想已有30多年历史,他们对新儒家思想的评价对大陆学者颇有启发,当然也有很大的分歧,这种分歧主要源自强烈的意识形态的不同。1949年以后,海外新儒家在30多年的发展中形成较为稳定的学派。分为三代:第一代是熊十力、梁漱溟。第二代是台湾的牟宗三、徐复观、唐君毅。第三代是中国台湾的蔡仁厚、中国香港的刘述先、美国的杜维明等。现在又有了第四代。

熊先生开宗立派,学脉不断,在中国近现代哲学史上也是不多见的。受海外新儒家思想影响,国内也兴起学派代际说,其标准即是:以主张中国文化为本位的就是新儒家。这个范围划得太宽泛了,反而淡化了熊十力哲学的核心价值及几代学人共同认同的文化价值理念。

不是任何一个人可以随意创建一个哲学体系和一个学派。忘记哪位人说过:"什么样的人讲什么样的哲学。"在中国近现代哲学史研究的学人不计其数,可以自诩哲学家的只有极少人,熊十力应该算是一位实至名归的哲学家。以"什么样的人讲什么样的哲学"来表述熊十力先生的哲学样态是再恰当不过了。牟宗三曾回忆说他在北大哲学系读书时,一次随熊先生去中山公园来今雨轩吃茶,参与者有熊先生称之谓"知我者"的林宰平先生,系主任汤用彤先生、佛学大家李证刚先生等。大家在闲谈先秦诸子，熊十力走过来大声说道：当今之世，讲晚周诸子，只有我熊某能讲，别无他人。熊十力这一声狮子吼，从此让牟宗三追随熊十力数十年成为新儒家第二代传人，影响了港台新儒家的发展。这个被引用无数次的记述是可以视为信史的，诚如冯友兰讲的一个学派或一个学说的成立，要看其对以往学派思想是"照着讲"或是"接着讲"。冯友兰是哲学家，他的"真元六书"是个佐证，但他是否开创了一个学派？在中国大陆的学术界很难获得首肯，这其中也有被"政治正确"所困之原因。熊十力固然一生都未离开中国，被其去国之后学视为传道、授业、解惑之师，颇有柳宗元所谓"举世不师，故道益离"之意蕴。熊先生与冯先生哲学思想之间的差别，述说起来比较复杂，可举个事例来讲到立见分晓。又是据说，因无可信文献考证。二人为"良知"是"假设"，还是"当下呈现"的争论。冯友兰认为"良知"是个假设，而熊十力坚持认为"良知"是当下呈现的。冯友兰是接着朱熹的"先有是理，后有是气"的预设理路讲下来的。熊十力则是接着王阳明的"致良知"的"为善去恶"是真实生命的呈现，绝非是个知识性的逻辑推理。熊十力在1952年出版的语体本的《新唯识论》的"赘言"中申明了他的哲学宗旨："体用不二，心物不二，能所不二，吾人生命与宇宙大生命本来不二。"在1958年出版的《体用论》一书中进一步申明:"今成此小册,故新论(新唯识论)宜废。"又说:"余之学,宗主易经,以体用不二立宗。就用上而言,心主动以开物,此乾坤之大义也。"这是熊十力哲学的最重要的贡献。

严格说熊十力没有专门史学的著作。1950年他出版的《论张江陵》一本小册子,也是源于与朋友一封书信讨论明代辅佐万历皇帝进行"万历新政"的张居正。熊十力赞扬张居正"以庇佑贫苦小民为政本,而一切法令皆以裁抑统治层,使之不敢肆","二三千年间政治家真有社会主义之精神而以法令裁抑统治层,庇佑天下贫民者,江陵一人而已"。熊十力也指出张居正的"根本错误"是"禁讲学,毁书院,甚至赞同吕政,元人毁灭文化,矫枉不嫌过直"。

熊十力写这本小册子的时间在1950年夏秋之际,新政府刚刚成立。故他说:"政府可以提倡一种主流,而不可阻遏学术界自由研究,独立创造之风气,否则学术思想锢蔽,而政治社会制度何由发展日新?江陵身没法毁,可见政改而不兴学校之教,新政终无基也。"70年前,熊十力以其高才卓识提出的忠告,于今天也有非常重要的历史意义。

这次出版发行的《中国历史讲话》是熊十力在全面抗战的第二年1938年春天,在四川避难,应学生所求,发扬民族精神，莫切于史，便主要讲两个问题：其一是种族推原，其二是关于修"中国通史"的意见。

传统史学家都认为修史者都要具备史才、史学、史识，三种能力，这是唐代的刘知几提出的。如果说"史才"是说史官应该具备的能力，"史学"则是要求史官具备掌握渊博的历史知识，而"史识"则是要求对历史是非曲直的观察、判断、鉴别的能力。其后有清人章学诚在"史才三长"基础上，特别提出要加上"史德"一品。当然，并非刘知几未讲史德，他也认为"能具史识者，必知史德"。而章学诚对"史德"做出更详细论述，后又因梁启超的发展，"史德"一说遂成为中国近现代史学家的个人道德品格的要求，同时也成为评价史学家的重要标杆。

严格说熊十力不是专业史学家，这本《中国历史讲话》就其史实考据、辨伪总有一些瑕疵，且谈中国历史也非通史体例，自不必说。但他依其自己哲学体系的观念去解读中国历史，这是有别其他历史学者仅重视史料的诠释方法。熊十力讲历史最大的特点是从亲历者身份来理解家国族群意识，以天下为己任的情怀去阐述历史在现实显示的张力。《中国历史讲话》一书中充分体现熊十力高尚的"史德"，即要符合客观史实又可掺杂主观偏见。这就是章学诚所说"尽其天而不益以人"。心正笔正，即不因人废言，又要秉笔直言。

熊十力认为在抗日之际讲历史要强调爱国主义教育，推崇英雄人物。如"旧史注重人物得失，甚有意义，且模范人物对后人具有伟大的感发力。历史学家不可不以热烈真诚的意愿，表达伟大人物的精神。须知一个人必有景仰伟大人物的真切信念，其人便不至堕落，而可日益向上，以进于伟大。否则无好善之几，必为小人禽兽之归。一个人如此，一民族更是如此。若民族普遍的心理，对于伟大人物皆有真切信念，此等民族决不堕落，决不衰亡"。反之"一个人或一民族，如果崇信恶人暴行，或且贵重浮华之士，浅薄之论，其人其民族必衰亡而不可救"。熊十力这番议论诚如其说这是中国史学传统，"《春秋》褒贬善恶与别嫌疑，明是非等义即在乎此。后来史家皆宗之"。

熊十力于抗战之际，也告诫青年人要有对中国文化传统的自觉与自信。他说："中国的文化方面，如哲学思想的无神论与心物不分的观念，与世界观念及实践观念等等，均是极高尚宏博，纯粹而无可菲薄的。艺术思想的优越更是中外公认的。道德方面的宽博态度，更不可求之今日西洋社会。西洋人遇异国之民便有猜防，中国人遇外人则坦怀相与。其他风俗方面，今日虽敝，然过去优尚之点甚多。"如果没有对自己文化传统的自觉和自信，就会如世人一样，"或谓黄帝大禹等无其人，或唱打倒孔家店，或以卫霍安边之功，只是帝王走狗"。熊十力认为这种虚无主义必然遭至家国民族的灭亡。他坚信："中国文化确有绝大贡献，何可弃哉！何可弃哉！"中国人努力于文化之发展，"亦必吸收西洋现代文化，以增加新的元素，而有所改造"。熊十力看到中国文化传统的长处，又强调吸收西方文化，这一创造性转化的观点与陈寅恪的"返本开新"的观点有异曲同工之妙！

熊十力先生在《中国历史讲话》中许许多多的看法和观点很有意思，和他的哲学著作那种缜密逻辑的论证不同，你看到他不经意讲话，有时是疾言厉色的批评，有时是踔厉风发的呼唤。他把生命献给了中国文化，他的思想是值得我们研究的。

2020年7月23日

目 录

001 / 题　记
002 / 缘　起
003 / **第一编　种族推原**
003 / 一、汉族
007 / 二、满族
010 / 三、蒙族
013 / 四、回族
020 / 五、藏族
031 / **第二编　修中国通史议**
034 / 一、上古史略说
076 / 二、中古史略说
119 / 三、近古史略说

121 / 四、近现代史略说
125 / 结　语
131 / **第三编　中国历史纲要**
138 / 附一　五胡十六国
143 / 附二　中国历史应注意之点

题　记

《中国历史讲话》原系熊十力先生于1938年春为学生授课时的讲稿，是夏整理成书，由中央陆军军官学校石印行世。此次即以此本为底本，参照其他版本点校。

缘　起

余以今春避寇入川，依钟生芳铭于璧山。永善邓生子琴、无锡钱生学熙、郓城陈生亚三、汾城刘生公纯、友人菏泽王君绍常均先后来璧。江津任生伦昉、璧山刘生冰若亦均相依忧患之中。余以迂陋，无所自效于世，唯日与诸子讲说旧闻。一日，亚三偶提及国史云：发扬民族精神，莫切于史。今吾历史，被后生诬乱破碎殆尽，是事可奈何耶？子琴复提出种原及通史两问题。余感其切问，因与诸子略明吾意。为谈计二星期。理其记录，差可一卷。命曰：《中国历史讲话》。故识其缘起于卷首。

中华民国二十七年季夏三伏日逸翁熊十力。

我现在要讲的题目,有两个。第一,是种族推原。第二,是关于修"中国通史"的一点意见。先说第一。

第一编　种族推原

中华民族,由汉满蒙回藏五族构成之。故分言之,则有五族;统称之,则唯华族而已。如一家昆季,分言之,则有伯仲;统称之,则是一家骨肉也。

一、汉族

汉族者,本三皇五帝之子孙。历代居中国本部。本部复别以三:

一、黄河流域及其他省区

如甘肃、宁夏、新疆、陕西、山西、河北、河南、山东,及热、察、辽、吉、黑等省。

二、长江流域

如四川、湖南、湖北、安徽、江苏、福建等省。

三、珠江流域

如广东、广西、云南、贵州等省。

此皆汉族世代生长之地。其散处于满、蒙、藏诸边塞则为数较少。余如台湾、琉球，与朝鲜、安南、缅甸等属国，本皆汉族同胞，今沦为异域云。

汉族有数千年高尚悠远之文化。故言及中华民族，往往即以汉族为代表。但汉族，自其先代孳生既众以后，而与满、蒙、回、藏分支，自为留居本部之一族。后人自难确定其分支之祖为谁氏，只可说为三皇五帝之子孙而已。然历代传说，都以为汉族是黄帝的子孙。司马迁作《史记》，其《帝纪》即始于黄帝。大概黄帝建造我国家，保固我民族，其声威最大。故群奉为开国元祖，而定为一尊耳。古者汉族本称诸夏，或以为因夏朝得名。昔我神禹，会诸侯于涂山，执玉帛者万国。可见其声德广远。故四裔称我族类为夏人焉。或曰，夏之为言，大也。以其为世界上伟大的民族，故称夏焉。其曰诸夏何也？诸者多数之称。当时族人并建列国，又其支分派别，族姓日多，故云诸夏耳。其后称为汉族者，则因汉朝威震中外。四旁诸夷，皆称我国人为汉人。此汉族之名所由始。唯自是汉族一名，乃普遍流行而无以易。

汉族之性情，宽大而和易。向来对于异国异族，常敦守和平。苟人不以侵凌加诸我，则我决不侵凌人。唯人若肆意侵及于我者，则我亦必坚决抵抗。纵有时退让，而终久必令其自然同化，或以实力使之屈伏焉。通观数千年历史事实，明明如是。汉族所以伟大者，以其有含容性与持久性故。

或者汉人在西北边省业商，颇有狡诈之习，贪小利而失大信。此最害事。盖未受教育之民，愚蠢无远见，故有此病。今后边省教育青年子弟，宜时时教以贵信义，尚勇气。至于商人如再有不公道不信实之行为，地方官尤应以其法律禁止。

汉人的理想高，眼光大，故其学问偏长于哲学方面。唯其心思不屑于琐碎处用功，所以对于物理界的知识，不免疏略。因此，不能发展科学。此其所短。今后当吸收西洋人的科学，但当阐扬其固有的哲学思想，以为做人的根本、立国的精神。民国以来教育，对于固有的学术思想与道德信条等等，一切以为旧的、腐的，而尽唾弃之，却又无法凭空产生信条与新的道德。而哲学上，又没有新的中心思想。因此，没有维持身心的东西。所以社会上表现出一种猖狂与混乱的现象。一切人的内心里面，好似空虚腐烂，无有一毫生气，譬如空心一般。由此纵欲、贪淫，一切所作所为，虚浮诳伪，全无实际。中国民族到今日，可说危险万分，而士大夫犹不觉悟。因为民初以来的教育，把固有的东西抛弃尽净，今日也无法自觉了。

中国孔子的思想，广大精微。他在宇宙方面，是发明了力用刚健的本体。宇宙万化无穷，万变不息，万象昭著，都由这个刚健的力量所发现。这是天地间不易的真理。根据这种宇宙观，来应用在吾人生活上，便是自强不息。原来吾人的生命，与宇宙的大生命，不可分为两片。吾人正于此自强不息的工夫上，认识自己的本性。万人念念自强，念念不息，念念是真实的力量流行。即凡应事接物，一切无有苟且，无有虚诳，无有迷乱。如此则何功不成，何事不办。又复当知自强不息的力量，是时时向前的，时时求新的，时时求真的，时时自觉而不至倒妄的，决不会为过去的腐旧而不合理的势力所凝滞、所束缚。这种人生态度是应当保持而不可失坠的。至于孔子之所以治国与平天下者，则皆注重经济问题，而一以均平为原则。又必专主忠信与絜矩之道（*絜矩即恕，唯恕故无以不平等待人者*），而后均平之治可期。今日全世界人类，斗争与骗诈之祸，将趋于自毁，尤非孔学不救。我们要阐明孔子的思想，不仅是救中国民族的。虽然当世也有许多不成人类的东西（*如汉奸等*）假托尊孔，而我们不能以此之故，遂说孔学不足提倡。须知真的出来，则假冒者自然绝迹。汉族之觉悟与否，关系中国五族的存亡。教育与学术思想，毕竟是社会政治一切的根源，所以谈到汉族，不嫌枝蔓，而说及此。

二、满族

满族即东胡族，亦称通古斯族。向居本国东北边外。在成周时，则为肃慎氏。盖汉族之一支，由本部蕃衍而移殖于东北边境也。从前清代学者，亦有谓满族系黄帝子孙徙于塞外者，可谓实录。东胡在周以前，有九夷。《竹书纪年》称后芬即位三年，九夷来御。《后汉书》总东胡诸部为《东夷传》。曰："《王制》云：'东方曰夷。'夷者，柢也，言仁而好生，万物柢地而出。故天性柔顺，易以道御，至有君子、不死之国焉。"不死言长寿也。又曰："夷有九种，……故孔子欲居九夷也。"据此，则东胡族在古代，犹存中原文献之传。故中原人士称美之曰夷，可谓文明矣。及秦汉以后，则纯尚武力，暴戾之气，变诈之性，时常入寇，毒害生民，无复曩时礼让之风焉。然汉世如乌桓者，但为边患，其势犹不足危害中朝。且受国军征讨，而仍归命阙廷。迄至于晋，则东胡有鲜卑者，乘晋室衰乱，纷纷崛起，甲马纵横，云扰北部，而生民之祸益亟。拓跋宇文，皆抚有北部，终以收拾五胡之局。其诸业有可称者。

唐朝季世，东胡复有一支，曰契丹者。初起尚微，后及浸盛，据北部而称帝，旋改号曰辽，历年二百。虽皇宋崛兴，号称统一，而幽燕十六州，犹属于辽，宋人未能收复。

其后辽衰，而东胡诸部中又有女真继起，取辽而尽有其地，复称帝号而建国曰金。其势又盛于辽。

至于明朝季世，则东胡又有一支崛起，所谓满洲是也。其初兴之酋长，本受明帝之命，以治其部落。迨后势力日盛，乘中原流贼之祸，遂倾覆皇朝，而代明为帝，改朝号曰清。遂主全中国之政。其盛，远非辽金可比。然及其衰也，则其族类式微，亦较辽金为甚。

昔者契丹（即辽）之雄于北部也，当宋室未兴时，几可以夺全国政权，而逞一日之欲。然卒称帝号于北方之一隅，而不愿南下，更不肯徙其族类以居中原本部。此其用心甚深，眼光甚远。盖彼族一向在东北，有其雄悍强勇之习，亦由其环境之关系所养成也。若入中原本部，则温和之气，柔靡之景，在在足以移人之性情，而使之习于文弱。此其不愿入内地者，一也。凡一族类，常居于其世守之地，而勿过于向外发展，则保守之力量较强。虽无大进取，而又无大损失。此其不愿入内地者，二也。契丹兵临中原倾覆皇朝，仍为中朝立君而去之。（立石敬瑭为中国之帝。）而不敢实握共主之柄，不欲居其族类于内地，可谓深思远虑矣。

其后女真之兴也，亦秉契丹遗策。故其初取汴京也，即立张邦昌、刘豫为帝，而彼仍不欲妄图全国。其后值南宋赵构之昏愚柔弱，又多猜忌，忘仇耻而去忠良，任宵小。金人乘此机，未尝不可灭宋而君全国也。然卒无意图南，而与宋媾和焉。虽以金主雍（即世宗）之盛治，犹对宋让步，讲好修睦。固由此时宋廷，非赵构时代之比。然金人无意南下，则除逆亮外（金主亮最无道，以伐宋致败而死），殆为其先世以来一贯政策。金人最不善理财，而享祚殊久者，则以其不轻启野心故耳。

清人之兴也，初亦不欲入主中朝。其兵力时迫帝都，而自引退，还冀中朝与之讲和，犹是辽金之用心也。惜乎明廷无有深识，既不能平流贼，又不能和满洲，浮昏扰攘，自底于亡。及流贼陷北都，崇祯皇帝殉国，清人始动入关之野心。内地诸汉奸又怂恿之。迄入主全国，则悉移其族类，分布内部各省，号为驻防。天道恶盈，历二百余年，其故部族类，几于绝灭。乃知辽金时代所以不愿扩张，而令其种类保聚于故土者，其智虑深远，不可及也。此又可为百世之殷鉴矣。

满族入主内部，次数较多。而时有美绩，能绍述汉族英君贤相之志。如北魏孝文、金世宗与清康熙诸主，其英贤之誉，不可没也。

三、蒙族

今之内蒙外蒙诸同胞，统称蒙古族，亦省称蒙族。世居本国北塞，亦间有散居东北西北各塞者。古代之獯鬻、狎狁，及秦汉魏晋时之匈奴，皆今蒙族之先辈也。而史家以为即今之回族者，此盖臆说不足据。蒙族本吾国朔北一大族也。元朝时代，其势力且达于欧洲。岂小部寡民一旦崛起，而能至此乎。以理推之，蒙族当是吾国朔北有悠长历史的民族。故匈奴、狎狁等，当是蒙族先辈。

匈奴自汉族衰微，种人分散。晋代五胡之变，匈奴首祸，而败亡亦最先。其后有铁勒及奚诸部（皆匈奴别种，见《北史》及《旧唐书》等），势力稍振。至唐朝初，归附朝廷。天子嘉之。自唐以后，匈奴各部分散，颇有与突厥（即回族）及东胡（即满族）杂居，而为其臣属者，抑有伏处漠北而与外面绝关系者，皆久而不振焉。

爰至宋朝，鞑靼种人，始兴朔北。其势浸盛，并吞诸部，而称大蒙古国。后来灭夏并金，又推倒宋之皇室，晏然为中国共主，是为元朝。然未及百年而亡。则以明朝高皇帝，以汉族而崛起于本部，能领导汉族及各族人，以修明政治。故元室不得不倾覆也。其为匈奴遗裔无疑。不然，则此新兴民族，岂能一旦自天而降乎？若谓匈奴是回族先民者，则蒙族何所从来耶？

或有谓蒙族即东胡别支者，外人尤多持此说，却当修正。盖就五族原始而言，固皆同一本。自其分支而言，则五族又不当混视。宋时，蒙古人起于朔北，与当时东胡族虽有接触，但无可以断为同族之理据。两族人之性情习惯，显然确有不同。东胡之鲜卑、辽、金及清人，其入关也，皆易接受中原文化，政策亦较稳健。蒙古人入主中朝，则于中朝文化，不易吸收，而多保存其在塞外时之性质。其手腕甚强，故进取甚骤，而败退亦较速。故谓蒙族为东胡别支者，其说不足成立。外人于吾国族系，自多隔膜不清，而吾国人则不当茫然也。

蒙族当是匈奴苗裔，已如前说。《史记·匈奴传》云："匈奴，其先祖夏后氏之苗裔也，曰淳维。"按太史公（《史记》作者）在西汉，去古未甚远，故籍多有存者。其说当可据。唐司马贞《索隐》引张晏曰："淳维以殷时奔北边。"又乐彦《括地谱》云："夏桀无道，汤放之鸣条，三年而死。其子獯鬻妻桀之众妾，避居北野，随畜移徙，中国谓之匈奴。"

其言夏后苗裔,或当然也。晋时,匈奴有赫连勃勃者,亦自称为大禹之后。其传说必有所本。或云,赫连疑是伪托汉族,以明其本非戎胡,用自宠异。不知《史记》所载,远在西汉。太史公当汉室隆盛时,值匈奴尚未开化。彼何至故造伪词,而谓匈奴为夏后苗裔,以彼胡俗,猥与华胄同本耶?按《匈奴传》有云:"逐水草迁徙,毋城郭,常处耕田之业。(毋字至此为句。)然又各有分地。毋文书,以言语为约束。……其俗,宽则随畜,因射猎禽兽为生业。急则人习战攻以侵伐,其天性也。其长兵则弓矢,短兵则刀铤。利则进,不利则退,不羞遁走。苟利所在,不知礼义。自君王以下,咸食畜肉,衣其皮革,被旃裘。……父死,妻其后母;兄弟死,皆取其妻妻之。"其记匈奴之俗如此。然则何所贵爱于匈奴,而故称为中夏圣王之裔耶?其必有所据也,明矣。由是征知,蒙族同胞,乃我大禹之苗裔。虽远适穷荒,自为支族,文化落后,戎俗见嗤,然神州哲史(神州者,中国为灵异之地,故云),犹能详其所自。同气之爱,今当加笃也。昔匈奴中替时,犹能挈群西走,建匈加利之名邦。其后元代武功,陵驾中外,震烁古今。后先辉映,有光华胄,亦足奇矣。

外蒙独立,离异祖国。犹望其与内地同胞,更新国策,同御外侮云。

四、回族

回族一词，与回教一词，应有分别。世俗或疑凡奉回教者，即是回族。此大误也。中国人之性情，自昔以来，便好接受外来思想。故无论何教，一入中国，必有众多信徒。何至回教入神州，独无信徒，必限于回族之人耶？大抵回教规约甚严，一经奉教，则其人之所行持服习者，每笃守教条，而有同一之色彩。久之则以同一之教者，为同一族耳。实则回教徒，不必即回族也。近年回教之学者，亦多持此说，甚有理据。

回族亦曰突厥族。在今甘肃、宁夏、新疆、青海、陕西等省区为最多。内地各省散居者，大抵素奉回教，不必悉属回族云。

突厥族类，始显于隋。史家每难详其所自。按《北史·突厥传》云："其先居西海之右，独为部落，盖匈奴之别种也。……为邻国所破，尽灭其族。有一儿，年且十岁，兵人见其小，不忍杀之，乃刖其足，断其臂，弃草泽中。有牝狼以肉饵之，及长，与狼交合，遂有孕焉。……生十男。十男长，外托妻孥，其后各为一姓"，渐至数百家。或云："突厥本平凉杂胡。"又曰："突厥之先，出于索国，在匈奴之北。"隋唐诸书，记突厥先迹，略同《北史》。考突厥初兴，臣于北狄蠕蠕。（史称蠕蠕为匈奴之一支。北魏时颇盛。）狼孕之说，或由蠕蠕诸胡，妄言轻侮。但凡厥民族，草昧之际，类多神话。此亦不足辨也。今人多据《北史》，以匈奴为回族先辈。不知《北史》原无定说。一云匈奴别种，一云平凉杂胡。猜度两端，未衷一是。及至《隋书》，则云突厥之先，平凉杂胡也，而无匈奴别种之语。《旧唐书·突厥传》云："突厥之始……《隋书》载之备矣。"是亦准据《隋书》，而不谓突厥为匈奴支派。《北史》所以有突厥出于匈奴之推测，盖值突厥始兴，其势未盛，故有此等臆度耳。又匈奴自古代以来，恒为朔北大族。方其盛也，则背叛中朝，不受中夏正朔。而东北及西北塞外诸族（满族、回族、藏族），恒受侵逼而为其臣属。值其衰也，则归附中朝，而入居内地者有之，散处于各边塞群族间者亦有之。此匈奴之名，所以独著；而新露头角的部族，或误被目为匈奴。况突厥初本臣服匈奴别种之蠕蠕。其后强盛，又灭蠕蠕而据有其地。《北史》疑突厥出匈奴，亦非无故。至隋朝时代，突厥种类，便大露头角。当时已知其非匈奴支派，仍不能审其本始，故云平凉杂胡。夫突厥繁衍既盛，其与西羌及蒙古、东胡诸族接触甚多，关系綦密，习俗亦多相近，谓为杂胡，良有以也。但此说毕竟是一种臆测，未堪依据。自隋唐以逮于今，突厥族恒为我中华民族中之一大支族。其本支自有特点。如一家昆季，各人自有个性。《隋书》以突厥之先为杂胡，则不承认其自为一支。此则犹沿《北史》之谬，不可不辨正也。

唐世有回纥者，突厥之别支也。《旧唐书》云："其先匈奴之裔也，在后魏时，号铁勒部落。其众微小，其俗骁强。"按铁勒种类，《北史》称为匈奴苗裔。又记其部属甚多，姓氏各别，总谓为铁勒，并无君长，分属东西两突厥。居无恒所，随水草流移。人性凶忍，善于骑射，贪婪尤甚云云。按汉魏以后，匈奴分散。《北史》所叙铁勒情形，似是匈奴崩溃以后之实录。故谓铁勒系匈奴别种，亦可信也。回纥本突厥别支，虽常与铁勒杂居，要不可谓回纥即是铁勒。考《旧唐书》，回纥与铁勒，各别有传。《回纥传》在一百九十五卷，次突厥之后。《铁勒传》在一百九十九卷，据北狄之首。回纥铁勒，其始杂居若一，而同臣于突厥，习性亦相似。故《旧唐书》总称回纥，号铁勒部落也，实则回纥为突厥别支。铁勒出自匈奴，二者不容混视。部落虽同，族类非一。《旧唐书》个别立传，盖亦知此矣。惜两传开端，措辞颇欠精检，遂滋后来之惑。又考《旧唐书·回纥传》，回纥之初附铁勒部落者，似即仆骨、同罗、回纥、拔野古、覆罗，并号俟斤。而其后乃称回纥。至特健俟斤之子菩萨者，劲勇，有胆气，善筹策，常击破突厥颉利可汗，俘其部众。回纥由是大振，渐并诸部。及唐太宗贞观二十年，遣使入贡，遂内属。太宗于北地置六府七州，以回纥部为瀚海府。是后叛服不常。具详史传。兹不赘。

又唐季有沙陀者，亦突厥族之别种。其部众有李存勖、石敬瑭、刘知远，先后僭帝号。皆为时甚暂云。

突厥亦别名回，想自回纥始也。宋时称回鹘。元以后，始称回回。盖取复词便称之故。《元史·俱蓝传》："至元间，俱蓝国主必纳的，令其弟肯那却不剌木省，书回回字降表以进。又马八儿国宰相马因的等言，凡回回国，金珠宝贝，尽出本国。其余回回，尽来商贾。"据此，则元世回人在海外者，经济力颇优裕。又能为外交辞令，非复从前游牧之俗矣。（马八儿国，当在今马来群岛。）

或曰：前谈满蒙两族，最初种类，皆与汉族同源。此突厥族，若溯其远祖，亦与汉族同源否？答曰：据考古学家所发现之北京人，经鉴定为远在距今百万年前或至少亦在五十万年前。由此征之，则汉、满、蒙、回、藏五族在原始时期，同一血统。已有确证，绝不容疑。谁谓回族不与汉族同源耶？向者外人研究我国民族发源，有谓自西极来者。自北京人发现以后，西来说已不足成立。在鸿古期，我中华民族（后省称华族），已为神州之土著人，非从他方转徙而来。至此，已得确证。若复由此而推考吾先民发展之迹，则由今之冀、察、热、陕、甘、新，而蔓延于满蒙康藏诸塞外，殆为其势所必至之果。故就吾华族分派之情形推测，在鸿古时代之祖先，不妨即名为北京人。（意即依此北京人，而用为中国远古种类之通称。）此北京人之子孙，一支留于神州本部者，即今所谓汉族是也。一支蕃衍于东北者，即今所谓满族，古之东胡等是也。一支蕃衍于朔北、内外蒙古等地域，即今所谓蒙古之匈奴等是也。一支蕃衍于西北甘新诸省，并蔓延于中亚细亚等地域，即今所谓回族，古之氐族是也。一支蕃衍于西藏、青海等地域，即今所谓藏族，古之西羌是也。自考古学家发现北京人，而后知吾五族本自同源。易言之，即五族血统，同出于北京人。此其证据坚强无可摇夺者。或曰：五族同源，既闻命已。然今回族大部分，居于中亚细亚及欧洲东部。他处亦多有之。其蕃衍独盛何耶？答曰：自隋以前，蒙古久盛朔北，东胡与西羌，亦常并起称雄，皆侵扰内部，争乱不息。独回族一支，由夏商迄东晋，历世悠远，而于国内无侵逼。其支属散布殊方异域，务勤远略，劳苦坚忍之操与经验俱增，故子姓繁殖，为拘促国内者所不及。

门人资阳陈文馥，昔教于旧京蒙藏学校。常问曰：若以獯狁、匈奴为蒙族之先者,则回族祖先,在上世岂无征耶?余曰:回族本世居西北边地,与藏族相糅杂。《诗·殷颂》曰:"自彼氐羌,莫敢不来王。"羌即藏族,自昔云然。其所谓氐者,盖即回族之先。后人误以与羌并为一谈,致令回族来源失考,而妄指为獯狁匈奴之苗裔。于是蒙族之先,又不可稽。辗转诬妄,其术卒穷。吾不知唐以来史家何故粗心如是也。晋世五胡系别,氐羌犹不相混。盖依上世传说,未失其本。夫《诗》以氐羌并举,诚以此二族,杂居西北边塞,其习性或相近,其归中朝亦相同,故并言之耳。回族在上世可征者,即《诗》所谓氐。此当为铁案而不容疑者。审地望,辨源流,回藏二族,自昔杂居西北边,至今而如其朔也。则知《诗》言氐羌,即今回藏二族之先,的然可据。又旧史以氐为有扈氏之后。有扈氏,古代诸侯,本汉族也。《括地志》称其国在雍州南鄠县。夏帝启时(启,大禹之子),有扈氏不服朝命。帝启伐之,灭其国。有扈氏之族,盖由此西徙,与有苗氏杂居云。自唐至于虞夏二朝时代,皆努力于国家统一之功绪。舜、禹伐有苗,帝启征有扈,皆以其不服朝命,妨碍统一,而伐之耳。有苗、有扈,皆汉族群侯。观《尚书》所载,未有蛮野之习、凶暴之行也。及其流移边塞,种类蕃衍,犹复慕义来王。同气之感,可谓深哉。如上所述,羌之后衍为藏族，氐之后衍为回族，确不容疑。其在汉世，所谓西域之国者，概属此二族。唯以其杂居之敝，史家亦略不详其支别。但实际上，其称姓未尝失考，故晋世犹有氐羌之辨也。氐人在晋世，僭帝号者，以前秦苻坚为最盛，亦最贤云。

晋世五胡族姓，分匈奴、羯、鲜卑、氐、羌，名之以五，实则四族也。史称羯即匈奴别种。别种皆言分支。殆以其别成聚落，故谓之别种，而授以羯名。准此，则羯种实匈奴。故止四族。匈奴为蒙族之先。鲜卑为满族之先。氐为回族之先。羌为藏族之先。其派系历然，至今不可紊也。夫匈奴出自夏禹，史迁记之。鲜卑东北之族，古谓九夷。夷者，仁也。以其源出夏人（**犹言汉人**），文德未替，故褒美之曰夷。氐羌二支，一出有扈，一出有苗，皆夏人也。自殷商时，已见称于《颂诗》。然汉史传西域诸国，即今西北同胞之先民，而于族姓，未加详辨。迄至晋世，五胡之判，始知西北分氐羌焉。盖是时诸族皆深入中原，与中原人接触密切。而诸族各守其先世遗言，皆能知其所自出。故西北之族，若氐若羌，一出于有扈，一出于有苗。殷商以后，中朝之史虽多失载，而此二族在晋世犹能自言之，于是中原人亦由此知西北族姓有氐羌之别也。今所谓满蒙回藏即古鲜卑、匈奴、氐、羌四族。四族之始，皆为夏人，自中原流徙于边塞。本支百世，不忘亲爱。虽中间亦常互相攻伐，而今则同气之感弥深，御侮之忧益著。吾以为，今不当复分汉、满、蒙、回、藏五族之名，只统称华族焉，可也。华者，大义（章氏云，华胯音近，今北方称大人曰胯子），是吾先民之旧称也。然著其分支，而仍存五者之名，亦复无碍，但不可忘其本耳。（吾说至此，而邓生永龄以为此说精确无可易。近时史家皆以氐、羌混视，而同说藏族。今此以氐羌分别回藏，改正从来谬误，尤不可忽。）

吾国政府对于边区教育，向不知注意。然清朝以来，回教学者，间有以孔孟学理与回教经旨相融通。此为学术界最好之现象。盖真理元无异致。群圣之道，自有会通之处，不可过分门户。惜乎努力于此者，其人数太少。今后唯望青年学子有志于斯，立身立国，自有贞常之道。故先哲学理不容一切鄙弃。至于科学思想，为吾人日常生活所必不可缺。尤望边省当局，加意提倡。如任边省多数回教同胞废学失教，将不为立国久长计乎。

五、藏族

藏族，俱云西藏族，亦曰羌族，又译图伯特族。世居西域，即今西藏、西康、青海等处。（汉时所谓西域，包括葱岭以西及印度，今此谈藏族，且约西藏等而言。）

藏族最古者为羌，亦云西羌。《后汉书》曰："西羌之本，出自三苗。姜姓之别也。"此则以三苗为神农氏之后。汉时故籍未泯，其说必有确据。姜与羌本同音。《通鉴·外纪》："神农长于姜水。"近人以为当在今陕西宝鸡县。由陕趋陇蜀而流徙西藏等地，其势亦便。晚世学人，好为异论。每谓苗与汉非一族，汉人驱苗而有其地。纯是逞臆妄谈，绝无佐证。舍古籍不信，而尚臆说，未知其可也。夫古代苗民乃是汉族中之一姓耳，非其血统有异也。虞夏时，有苗梗化。同气之中，而有顽强，亦常事也。然帝舜诞修文德，而苗人以格。何尝驱逐之耶。苗人西徙，当由其强悍，能勤远略耳。及其后裔，僻处西隅，犹述职帝廷，不忘内向。《殷颂》曰："自彼氐羌，莫敢不来王。"同气之爱深矣。周兴，文王率西戎，征殷之叛国以事纣。及武王伐商，羌髳率师会于牧野。汉初，匈奴不念同根，时举兵内犯。尤赖西域五十余国，归附皇廷，遂令匈奴势孤，边疆息祸。藏族在前世，常与中朝亲昵，扶持正义。昆弟之好，永世不渝。今之藏族同胞，缅怀先德，何忍忘也。

《后汉书·西羌传》开端历叙夏商以来戎患。如犬戎、山戎、西戎及春秋时杂居内地诸戎（如太原戎、申戎、六济之戎、陆浑戎等等，不可胜纪）。并秦时义渠、大荔等戎。格其地望，或在今陕西三晋边地杂居，或在朔北塞外，皆汉代所谓匈奴，非西羌也。书中首论戎患，连类及之耳。义渠亦入据今甘肃地，然其族姓当属匈奴。唯王武丁，征西羌鬼方，三年乃克。《汉书音义》曰："鬼方，远方也。"当即今西藏、西康、青海诸地。以其距殷都甚远，故云鬼方也。又文王率西戎，征殷之叛国。此所谓西戎，当即西羌。取征于《诗》，"文王之化，行于南服"，则以南国有离殷之志，故文王之化易入也。文王引西羌以征南国之不顺于殷者，所以为至德。自西羌而出庸蜀，向江汉，声气所播，不可得阻焉。文王之妙于通变也。其后武王伐纣，羌与庸蜀等皆以师会，见于《尚书》。即此可证羌与周室之关系，甚深且久。故知文王所率之西戎，即西羌也。文王服事殷，而羌从之。及武王以殷终不改行而伐之，羌又以师会。羌同心于周室，可谓忠顺已。

秦汉间，羌人多入居陇西等地，与匈奴交通。其俗日益鄙野。范书称其强则分种为酋豪，弱则为人附落。更相抄暴，以力为雄。堪耐寒苦，同之禽兽。虽刚强之气足尚，而礼义之化已衰。范书于羌人颇致丑诋之词（如云同之禽兽），彼所见者，盖当时流移于今甘陇诸地之羌，而非其本支也。羌人本支，在今西藏全境。后汉时，当已接收印度文化。故魏晋间，藏族同胞多入内部而传播佛家思想。其理解精深，堪追梵方明哲，安得同之禽兽耶。

西羌本土，即今西藏。治藏文者，谓藏文语根，多与国文相同。盖藏人本汉族姜姓之裔，宜其语源同也。但因僻处西陲，与印度交通较密，故其文字与梵文同系，而与本国衍形文字成异焉。（前汉《西域传》中所记诸国，多数属今藏族之系统。或称杂匈奴，然更有今回族之祖先，如大宛、乌孙等是也。）

流徙今甘陕诸地之羌，在东汉时，最为中朝所患苦。范书称其种类繁殖，性坚刚勇猛。自光武帝时，便寇掠金城、陇西诸郡县。其后豪酋日众，狭党横行寇盗。终东汉诸帝之世，未尝衰止。朝廷数遣大将征讨。府库告竭。百姓死亡，不可胜数。并、凉二州，耗为废墟，可谓惨矣。及羌祸削平，而汉祚亦随倾。范书所以深诋也。

藏族虽源出古帝神农，然自晋以后，颇杂东胡（即鲜卑）种类。盖唐世有吐蕃者，为晋时南凉秃发利鹿孤之后。利鹿孤有子曰梵尼，率众西奔，乃于羌中建国，为群羌所怀，以秃发为国号，语讹谓之吐蕃。（参考《旧唐书》等。）其后子孙繁昌，土宇渐广。至唐代，始归附中朝，修臣职甚谨。太宗皇帝以文成公主妻之，是后屡嫁公主于吐蕃，其血统与皇族混合，自此始。然习俗强悍，终唐世，叛服不常。后历宋元以逮明清，部众分居，竟奄有前后藏全境云。

又唐世有党项者，在古析支之地，先族之别支也。旧分诸姓，曰细封氏、费听氏、往利氏、颇超氏、野辞氏、房当氏、米擒氏、拓跋氏，而拓跋一姓最强。又赤水西，有黑党项。而雪山下，亦有党项。于前述诸姓，又为别子焉。凡诸党项，皆于唐时内属。朝廷悉列其地为郡县。而拓跋氏之裔，自唐至宋，世官于朝，统有夏州，后乃割据其地，而称国曰夏。《辽史·西夏传》曰："本魏拓跋氏后。"此则以党项诸姓中之拓跋氏，而误认为北魏之拓跋氏，不可无辨。

又有吐谷浑者。其先世，为晋时辽东鲜卑徒河涉归子，名吐谷浑。有壮志，匹马西奔。其子孙渐大，历受刘宋及拓跋魏封爵。后乃建国，纵横数千里。都伏埃城，在青海西十五里。（参考《北史》。）族众不忘其祖，故以吐谷浑名焉。至唐世，并于同族之吐蕃云。

据前所述，今之藏族，本出汉族姜姓，所谓有苗是也。但自晋以后，亦杂有东胡族。而东胡之先本出汉族，于上世流徙东北，久乃别为一支焉。故推本言之，东胡与古羌族，其原始血统，非有异也。今日人有谓西藏人与彼族有血统关系者。此于古书全无依据，不知何以云然。

又有谓西藏属印度人种者。此亦无史籍可据。然以理推征，与其说藏人为梵种，不若言印度人为中华民族之别种。盖由所谓北京人而征之。中华民族既为远在距今五十万年前，或百万年前之古族，其发展由东而西，以渐滋殖于印度。其势甚便。或由西北赴印，或南中由缅甸赴印，皆有可能。如谓古代交通不便，此亦迂陋之见耳。吾国先民北匈奴之衰也，挈群西走，卒乃得庐弥之地，建匈加利之名邦。昔先民西突厥之衰也，率众西行，卒乃下东罗马之故墟，建土耳其之新国。此皆未有现代交通工具而成兹伟举。以此类推，鸿古时代之中国人，能流徙印度而据之，何不可能之有。此虽吾一人之假定，尚未搜得充分证据，然就语言习惯上征之，略得一事焉。如《庄子》书中，所谓重言者，即假于古人以为重也。其所假之古人，必是历代相传为过去世实有之古人，乃可假其言以为重。其所言之义虽是假托，其语气必遵用古时所有者，否则人不之信。按《庄子·则阳》云："天而亡朕耶？"尊人为天，六籍以来，久所未见。当是远古时语，而后来失用耳。《庄子》所引，必据远古之籍。此等语气，决非其所臆造也。其假于重言，必引用古语也。印度人之致尊于人也，亦呼以天。即此可证吾国远古语言习惯之遗存于印度者。惜此证尚孤。愿宏博君子留心斯事焉。

除上所述外，尚散处有两粤、云、贵、川、湘各省之夷人。名目繁多，不暇细述。略举类别，则有所谓苗、猺、獠、猓猡、犵狫等等。若细分之，当有数十种。或总目为夷人，或总称为诸蛮。近人有谓一切夷人，统属苗族，乃是古代苗民之后。此说全凭臆想，既无史料可据，而理论上亦不可通。清朝末叶，外人妄倡中国人种自西方来之说。吾国学子，完全信从。于是有好异者起，而以苗民为中夏之土著人。谓吾汉族自西极来，乃驱苗而抚有中土。又复以今日南中各省之一切夷人，为古苗民后裔。因古时被逐出中原而孑遗偶存于西南山谷也。其说之由来盖如此。自北京人发现以后，西来说已不攻自破。中国人种，既是鸿古时代之土著人，则生长于一地之苗人，焉得别有血统而不与汉族共祖耶？焉得判为异族耶？故知古籍以苗民为姜姓，本神农之后，绝非虚语。近世后生浮薄，好为异论，轻疑古籍，真可痛惜。苗民既是汉族，则唐虞诸帝，纵惩戒其中不良分子，断无将其子姓尽行驱逐之理。清末以来邪说，都不攻自破。

夫汉族从西来，及苗人另为土著之一族，与汉人驱苗族，如是种种臆造之邪说，既皆不足成立，则据古籍而知古代苗人为汉族中之一姓，是义决定。因为古籍所说既没有反证，故决不可摇。于是复有一问题，即今西南各省山谷夷人，其果出自古代苗民否耶？吾于此敢断言曰：今西南各省一切夷人，都是汉族，决定无疑。但不能谓其本支世系独出于古代苗民一姓，因为此事不独无证据，而且无有理由可以持此说。今之疑夷人为古代苗民后裔者，大抵因诸夷人中有所谓苗子之一种。实则今所谓苗子一类人与古代苗人，只是名称之偶合，决无世系相承的关系。此事本无证故，又无理由可认故。余以为今西南各省一切夷人，其祖先都是汉族。因其伏处僻县深山之内，地方荒陋，交通素不发达，耳无闻，目无见，其知识日以塞，生活日以困难，久之遂降落而为一特殊种类，乃被人轻视，而目之为夷。彼亦忘其所自，而自称为夷。门人永善邓永龄云，家乡故有俗所谓苗子者，自称夷家，谓我等为汉家，不知本是一家，无汉夷可分也。永龄持论，亦与吾同。夫西南各省之在国内，本属区区一隅。而此一隅之地，夷户比较汉户，特居少数。如何可说此少数夷户，别是一个血统，而与汉人不相联属耶？若汉族果由外方迁来，则谓夷人为土著，与汉族不同血统，犹可说也。自北京人发现，已证明汉族是中国远古时代的土著人，绝非由他方转徙来此者。然则谓西南一隅别有少数山谷之民，向为夷家而与汉族不同血统，不共祖宗，此等观念，可谓迷谬至极。年来社会热心人士，颇有注意调查此等降落的同胞之生活状况，藉谋改良。顾犹沿冀过去迷谬观念，未能将夷汉区别，加以辨正，为之扫除，其何以昭示平等，扶持正义？吾鄂之黄冈人也。少时阅史，见有以吾先民为蛮者。（似是《南史·诸蛮传》中，以今河南光山与湖北故黄州府一带，有诸蛮云。顷无书可查。）六朝时，光黄之间，或文化较低，其人勇悍尚斗，而遽目以诸蛮。若与齐民不同种类者，岂非可笑之甚乎？今之妄分夷汉，过亦同此。是故应知，今所谓夷人，实是汉人之降落而退化者。如贵家子弟之降为贫隶者然。但其聪明之资、质实之性，比较今日浮华之汉人，或更优胜。如及时注意教育，此诸同胞必能发挥特长，以为我民族之光也。自清末以来，熊凤凰以文学与通达，致位总揆；岑西林以吏治与风节，见推领袖。世皆谓其出自夷族，实则非夷也。其先固汉人也。

五族源流，前已略说。或复问言：公主五族最初同一血统，吾犹不能无疑焉，何也？答曰：人心私于其所近习，久而妄其本。毋囿于习，而照之以理。毋滞于私，而豁之以公。则五族无畛域，不致数典忘祖矣。夫就全人类而言，其始为一元，为多元，虽犹为难决之问题，但就吾中华民族即所谓五族而言，理应决定其出于同一之血统。因为同是一个以大中国为中心而分布四出的人种，决定是同根，而不会是多元的。（此处吃紧。）如果五族之中，有些民族是从他方转徙来入中国，而不是从这个伟大的中国分散出去,那么,便可说这股民族另有祖宗。易言之,即中国各个民族,不是同一血统,是多元而不是一元。今中国所谓族,考其来历,明明都是中国的老土著人,没有一个是他方转徙来的。如汉族,就是老在中国本部,而后向海外发展的。(如朝鲜、台湾、琉球、安南、缅甸、暹罗与南洋群岛,大抵均是最老的汉族流徙去的。又今美洲,亦时发现中国人的遗迹。大概属汉族,因汉族居滨江海故。)如满族,就是老在中国东北边省,而后向朝鲜等地发展的。(朝鲜人,是汉族与满族两支的混合。)如蒙族,就是老在中国朔北边省,而后向西方发展的。(匈加利是蒙族先辈西徙者。)如回族,是老在中国西北边省,而后向各方发展的。(首先流徙中亚细亚及欧洲东部,今则各地多有之。)如藏族,就是老在中国西域边省,而后向印度发展的。(印度人大概与中国人同血统,似是远古的羌人移去的。羌人移印,虽犹待证,而汉满蒙回藏诸族,由国内移出去的事实,却是显然无可否认。)所以前面说,同是以大中国为中心而分布四出的人种,决定是同根,而不会是多元的。因为他们是一个小家庭之内的同胞兄弟,如何可说不同血统?全中国,譬如一个小家庭。因为中国虽大,而在全地球上面来说,却是很小了。在这个小范围内的人类,如何可说各有所本而不是一元呢?(此段吃紧。)所以我确信中国民族（赅五族言）是一元的，是同根的。向怀此意，唯苦于中华民族之源本，未有征据，不便楷定。及考古学家发见北京人以后，乃确信此最初之人种，是吾五族共同的老祖宗。其后支分派别，乃有今之所谓五族云。

或疑五族既同血统，如何其性习又显有不同？文化发达，彼此亦相隔甚远，其故何也？答曰：一父母所生之众多子女，其知愚刚柔等等，能彼此齐同而无所差别否？又复当知，凡人天性，本无不同。其卒至于殊异者，实受其所处环境之影响。此事甚明，无待繁说。今自科学发明，开发物质与征服天然的工具，将日出不穷。人类改造环境的能力，必日益发抒。凡居处高原大陆的人，后此进步，正未可量。但非短时间所可企耳。吾中原物力，已有耗竭之虞。吾东北、西北诸大陆，向未开发。是在吾同胞一心一力，共守固业，求所以光大之而已。

讲至此，姑且做一结束。现在要说第二个题目了。

第二编　修中国通史议

历史之学，所以数往知来。其意义幽广。（幽者幽深。广者广博。）其责任极重大。凡一国之历史，其对于民族思想之指示与民族力量之启发，恒于不知不觉之间，隐操大柄。故史学，未易言也。国家艰危，民族忧患，莫甚于今日。吾望有深心卓识之史学家出焉，能出一部"中国通史"，勿像学校教科书一类性质的编著。须如司马温公修《通鉴》，直是终身事业。如此聚精会神为之，又必得多数精博之友，以为资助，其庶乎有成也。（温公《通鉴》，实非一手所成，彼不过总持纲要耳。）

凡为史书者，必有一个根本精神，遍注万事万物而无所不在。否则只是比辑事件，可谓抄胥，不成为史，决无感发人的力量。《春秋》最为广大，其根本精神为何，非简单可说。今此且置。自汉四史以下，无论其书为短为长，而通有一个根本精神，即忠君是也。他这种精神，无处不见。随举一例，如范隆臣于刘曜。考刘曜行事，真是不成人类的东西。范隆而臣于曜，则已甘为兽类而不惜矣。然史家以范隆能守直于曜之廷，则称美之为经儒。史家不论曜是何许人，只以曜既为君，范隆已为之臣，则能尽忠节者，即是好人。史家于此，就是依据他忠君根本精神来作裁断的。举此一例，可知其余。试思全部二十四史，忠君精神所给予过去社会的影响，该有多么大。君主高于一切，人人都愿为他而牺牲。

今日民主思想发达。既已废除了君主，修国史者自然是以忠于国家、忠于民族为其根本精神。但是这种精神的灌输，却要先使一般国民对于自家民族免除支分派别的谬误心理，起其天性之爱，而不仅是利害关系的结合。此应注意者一。又关于国家观念，一般人以我国人向来没有此等观念，其实不然。据实言之，我们所谓国家，与西洋列强所谓国家，根本不是一回事。西洋现代的国家，对内则常为一特殊阶级操持的工具，以镇压其他阶级；对外则常为抢夺他国他族的工具。他们的国家是这样的恶东西，列强之间，彼此都持着这样的恶东西相对待。不知将来如何得了。我们的国家，绝不同他们一样。我欲说明他，却难措辞。我听说英国罗素先生曾有一句话。他说，中国并不是一个现代国家，而是最高的文化团体。（不知此语有忆错否，但意思却是如此。）这话说得好，用不着多敷说。我国人向来爱和平、贵礼让，不肯使用凶蛮手段。无阶级于内，无抢夺于外，就因为他常有维持最高文化团体的观念。这便是他的国家观念。由中国人这种观念扩充出去，人类都依着至诚、至信、至公、至善的方向去努力，可使全世界成一个最高的文化团体。岂不大美，岂不大乐？无如今日列强不悟，大家甘心要做强盗、凶狮、抢夺、残杀的事情。我们的东邻，首先以此对待我们的国族。我们今日要维持民族的生命，为宇宙真理计，为全人类谋幸福计，我们都得要保全我固有的高尚文化。我们不得不牺牲，与强盗战，与凶狮战，与抢夺残杀我者坚决力战。我们诚然不能不改造我们国家的机构，以应付非常时局，但并不要变我们固有的国家观念，即始终是保持一个最高文化团体，决不拿来做毁坏人类的工具。历史家对于国家观念的指导，是要正当的。此应注意者二。又关于哲学思想方面，我国先哲向来以尽性为学。性者，宇宙生生不息的真理。在人则为性。尽者，吾人日用践履之间，悉率循乎固有真实的本性，而不以私欲害之，故说为尽。由此，故学问即生活，而非以浮泛的知识为学。这点意思，须是用力于此学者，方可与说。今后，固当努力科学知识，但于固有学术，万不容忽视，否则失其所以为人之理。而科学知识，又何以善其用耶？人类皆习于向外追逐，而不知反，至以科学知能为自毁之具。罪不在科学，而由于无本原之学，以善用此科学知能也。世有大觉，宁不悼此？历史家于文化，必有抉择精识。此应注意者三。略陈此三，至近而要。今治史学者，能慎之于心术隐微之地，则著书垂训，可以寡过矣。

一、上古史略说

"中国通史"的叙述，应该如何划分时期？我以为依史籍记载，追索过去演变之迹，可分五个时期来叙述。

一、上古史。起三皇五帝，至周朝战国时代六国并亡时为止。

二、中古史。起秦始皇并六国称皇帝时，至唐末五代终局为止。

三、近古史。起宋初，至明两京失陷时为止。（明失两京，犹不得谓之亡。然已往的局势，至此算告一段落。）

四、近代史。从清顺治入关，迄溥仪逊位，凡二百五十余年为近代。

五、现代史。民国成立以来，为现代。

上古史，又总分为三个时期。（甲）庖牺氏至尧舜为第一期。（乙）夏禹至西周之终为第二期。（丙）东周平王迁洛至战国时六国之亡，为第三期。此三个时期的划分，各有主要的意义。甲期中，从庖牺氏由游牧进化而成部落，而建国家，而有种种创造，种种制作。至尧舜二帝，乃渐备。所以划为一个时期。

乙期中，从大禹始巩固君位世袭之制，控御万国群侯，而统一于王朝之下，历商至周初，王朝的地位较前益巩固，权威较前益扩大。所以又划为一个时期。

丙期中，平王东迁以后，王朝权威崩溃，徒建空名于诸侯之上，实则王室亦夷为列国。自此历春秋战国，成列强并峙、竞争剧烈的局面。直至六国悉并于秦皇，而后此局告终。故又划为一时期。

甲期的帝系，难为征述。世俗杂书，叙开辟时代之帝皇，有盘古氏。考盘古说，始于三国时。前史称西南溪洞诸蛮，传为盘瓠种。不知果有盘瓠其人否。后来讹盘瓠曰盘古，又曰盘固。附以神话，谓为首出之一人也。此其虚妄，无足深辨。

第一期　庖牺氏至尧舜

中国开辟的帝皇，无正史可查，只散见古籍中。古代正史，当推《尚书》。而《尚书》托始于尧。尧以前，便不载。

后儒或谓孔子删《诗》《书》，如果是真的，那尧以前事，便是孔子删去了。然删《诗》《书》的话毕竟不足信。将什么做标准去删呢？若如晚世《史记精华录》《古诗选》，这一类的删法，便无甚意义了。我想，孔子本人未必删《诗》《书》。但孔子的政治思想，确是取法尧、舜的。观《论语》中推尊尧、舜，有曰"巍巍乎，唯天为大，唯尧则之。荡荡乎，民无能名焉"。又曰："无为而治者，其舜也欤。"即此，可见其受尧、舜遗教的影响不浅。《中庸》曰："仲尼祖述尧舜，宪章文武。"孟子学孔，而言尧、舜。学脉相承，的然可见。七十子后学，或因独宗尧、舜之故，就于《尚书》全部之中特别提出尧、舜以下的篇章来教学子，转相诵习。那原本日就湮灭了。因为古代尚不知造纸，更没有雕版印刷等术。书籍之保存与流传，都很不易。那不常诵习的书，既已失掉，唯尧、舜以下的篇章，尚为儒生所日用不离。因此误传为孔子删《书》。至于删《诗》的话，我想孔子不必有此事。但古诗也许不止此数。（《史记》云，古诗三千余篇。）或因门人取其合于弦歌者而肄习之。这一部分诗，便流传下来。其余有许多不常入弦诵的诗，因简策不易保存，便亡佚了。后人由此误传孔子删《诗》。我这种推想，或者较近事实。

有人云，《史记·孔子世家》已言孔子之时，周至微而《礼》《乐》废，《诗》《书》缺。所以孔子序《书传》，上纪唐虞之际。故知尧以前帝王事，非是孔子所删，只是那时书策已自缺了。故孔子只好序自唐虞。余谓孔子时，《书》有亡阙，自不待言。然独尧以前，完全亡缺，而无一篇之存，此恐未然。吾意孔子根本未曾删过《书》，亦不是因尧以前的《书》全缺才从尧序起。据《论语》，说孔子雅言《诗》《书》《易》《礼》。大约尧、舜以下，孔子所雅言，就流传下来。既非孔子对于《书》的简篇有所去取，亦不是尧以前的记载，当孔子时便全亡缺，至一篇没有。孔子于尧、舜以下，是所雅言。试征之《论语》便可见。《论语》记孔子称述尧、舜、禹、汤、文、武、周公的话，都非常扼要。当时雅言所及，自不止此。然即此已可窥见孔子精神所寄与其思想渊源。然则二典与商周书，略有存者。只因七十子后学宗主师说而常传诵之故，其他便不幸散失了。总之，《尚书》原籍亡佚。古代帝系，遂难搜考。唯有求之于古籍散见者。

《春秋·纬》古皇十纪之说，宋罗泌果于信从。虽未免诞妄，然其中所列帝王名号，必非全无所本。上古部落甚多，各部君长，尽有许多贤明的人。其名字流传于后，渐有附会，遂有误将这些名氏，编成帝皇世系。如《循蜚纪》所记二十二君；《因提纪》所记凡十三氏。《禅通纪》，详循蜚以后，黄帝以上诸代。凡此所述世序、年代与行事等等，虽传说悠谬，难以征信，然其人名号，不必尽属子虚。有的也许是小部落之长，有的也许是建国以后的帝皇。至于行事，亦多有可信。如说辰放氏见人民不知蔽体，而教民衣皮；大巢氏见人民不得安居，而教民构巢；燧人氏见人民不知熟食，而教民用火。这都是上古应有的发明。这些发明家的名号，自是人所不能忘的，如何得都不信。唯《五龙纪》，称有皇伯、皇仲、皇叔、皇季、皇少五主，其名号可疑。然或某部之长，其弟兄五人并贤，俱为部众所爱戴，亦无足怪。又《九头纪》，以人皇一姓九头，谓九人也。古语质，如今人数鱼鸟，以头数计之。人皇，大抵亦部落之长。皇者大义。人皇，则大人之称。如汉以下诸胡中，有所谓诸部大人也。人皇，即以其地位受称，名字失传。然人皇必确有其人。至若天皇、地皇，则或因有人皇之称，而附会及之，不必信有其人也。《摄提纪》五十九姓；《合雒纪》四姓；《连通纪》六姓；《叙命纪》四姓。亦皆诸部君长，不必疑此等姓氏都无。如《路史》称合雒乘蜚鹿以理，连通乘蜚麟以理，叙命驾六龙而治。上古部众，随逐水草。其长，能驯服鹿及龙等物，自常事也。又《因提纪》中，有庸成者，守于群玉山。近人以为葱岭，则今藏族或有庸成之后，不唯姜姓也；即印度，亦有庸成苗裔，未可知耳。余以为《十纪》，当是《三坟》古典中佚文。后世虽多附会，其人名必实有，其事迹不尽无。远古之籍，仅此残存，甚可宝贵也。

《十纪》所载诸氏，大概是众部之长为多。至自昔相传，有三皇五帝者，当是统一诸部，而建立国家，最有勋德的大君主，唯三皇五帝名氏，古有两说。一，太史公依《世本》《大戴礼》，以黄帝、颛顼、帝喾、唐尧、虞舜为五帝。谯周、应劭、宋均皆同。二，孔安国《尚书序》、皇甫谧《帝王世纪》、孙氏注《世本》，并以庖牺、神农、黄帝为三皇，少昊、颛顼、高辛、唐、虞为五帝。吾谓当以第二说为正。

关于古代谣俗、信仰与器用等等，近时地下发现的材料，须待考古专家供给。

上世文物肇开，如衣服、居室及田猎、攻战、农耕、交通等工具，乃至立官、修纪（谓伦理及法律等。）、施政、御敌种种行事与夫文字、书史、学术思想之原，分类搜集，必博览周秦故籍。汉以下，记述古事者，亦多可推考。

自昔相传庖牺氏画八卦。此当为文字之始，亦为算数之始，亦为哲学思想之始。每卦之数，始于一而成于三。明有一则有二，有二则有三，对待以成其变化。一切事物，由是起也。或谓庖牺氏当时画卦，本为占卜之用，未必有如后儒所说许多大道理。此意吾亦相当赞同。但庖牺氏确有窥于事物变化之原理则不容疑。不然，何能画出这卦？又古帝名号，多由后人依其创立勋德而为之称。庖牺始作结绳，为罔罟，教民佃渔畜牧，最有功烈，使民能以牺牲供祭祀，肉食充庖厨，故民思之而为之号也。是时，未脱游牧生活。《易系传》称庖牺"仰以观于天文，俯以察于地理，近取诸身，远观诸物。于是始作八卦"云云。这段话，如此亲切，确是上世流传下来。迄至孔子，又授诸七十子，转相传受。后来笔之于书策。我们由这段话，尚可想见游牧时代的大首领，他在流行活动之中，运用他的天才，仰观俯察，近取远观，忽然悟到变化之妙，所以画出这卦来。我在少年时，颇疑庖牺当上世，未必有这种创见，后来自觉这是一种错误的推想。人类的天才，没有古今之异。况我先哲凭借优美的环境，灵思欻动而深测化理，自是应有的事。从古相传画卦自庖牺，绝无歧说，此何可疑？

黄帝轩辕氏，为三皇之一。今或不信有其人。此好异之过也。或谓故籍言黄帝者，其时代至早亦在战国时。战国人好作伪，故不可信。不知战国人容有造伪语，而托为古人事，以饰己说者。抑古事有流传失实，而学者不审，或好异而妄称之。但必古代实有其人，（此处吃紧。）然后流传失实之事，有所托焉。如尧帅诸侯以朝舜，见辟于孟子。此等无根之谈，事虽不实，然尧与舜之二人则实有也。否则其说亦无所托。又如《庄子》书中有寓言焉，鲲鹏等说是也。有重言焉，凡称引古人者是也。寓言，如齐谐志怪，庄生自言之矣。若夫重言，既假古人为重，则其所假之古人，必为实有可知，否则一己捏造之人名，世所不许，已足启人疑谤，而可假其言以为重乎？（此处吃紧。）世疑《庄子》所引古代人名，不必实有其人，此未思之过也。当知其所托之人，必古所实有者。唯所说事义，则本出己意，而假为出自古人，期以取信于世耳。《庄子》书中，称黄帝者甚多。岂古无其人而捏造之耶？《易系传》之文，为孔子亲笔与否，虽难断言，然为七十子后学口说相承，渐修饰以登简策，则断不容疑。孔子自云"五十学《易》"，又云"五十知天命"。《十翼》出孔氏，昭然不容否认。《易系传》已言黄帝，安得曰始见战国人书耶？又凡初民神话中之人物则其非实，不待辨而明。神话本身的性质，显然不同历史故也。若盘古头为山岳云云，天地等皇，寿各一万八千岁云云。此等神话，谁有误认为历史事实者乎？

按黄帝为尧高祖。《史记》称尧父帝喾高辛氏。高辛父曰蟜极。蟜极父曰玄嚣。玄嚣父曰黄帝。其时代在庖牺、神农后，早离初民草昧之代。《易系传》曰："黄帝尧舜氏作，通其变，使民不倦。神而化之，使民宜之。"又曰："黄帝尧舜，垂衣裳而天下治。"皆以黄帝与尧、舜相连成文，足征其时代接近，故治功亦同。《史记》所称，亦与之合。自伏羲时，已有文字、算数，且通自然现象变化之原理。其作罔罟、教渔业，似已渐离游牧，而进农业社会。神农氏兴，则耕稼已盛，又创作农具、察水泉、析土宜，又因辨谷类而尝百草，遂发明草药，为医学宗。是时已有许多科学思想，又创为交易之法，商业浸发达。社会进化如此，而黄帝氏始兴焉。此岂神话时代耶？《史记·黄帝本纪》，本据古籍甄录，皆经国大业。最著者，约有三事。

一曰，时播百谷草木（此即继神农氏，而推广农政），淳化鸟兽虫蛾（此即讲求畜牧与蚕桑也，虫蛾谓蚕），旁罗日月星辰水波土石金玉。（此谓上察天象，下穷水土金玉等物产。）勤劳心力耳目，节用水火材物。此可见其开发生产，无处不周。不然，何能开物成务而奠国家永世之基乎？

二曰，披山通道，未尝宁居。东至于海，登丸山，及岱宗。西至于空桐，登鸡头。（《索隐》云在陇西。）南至于江，登熊湘。北逐荤粥。（荤粥，即汉族之徙于朔北者，后至汉世，则谓之匈奴，其俗犷悍，屡为暴乱。故逐之。）此言黄帝巡省四方，平治道路，以利交通。当时统一诸部，而建立国家，以交通为最要。帝未尝宁居，以全力经营此事，可谓知所先务者。（此中四方所至，称其巡章之迹耳。非谓其国境如是。盖当时修治内部交通，必亲历四方，相度地理。）

三曰，平内部蚩尤之乱。蚩尤本汉族，盖当时部落之长。《管子》书称其受卢山之金，而作五兵，最为凶暴。故黄帝讨平之，以安定内部。（晚世有疑蚩尤为异族者，此妄谈也。中国人种，皆同一血统，何有异族乎？）

《史记》述此三者，皆建国大勋。其余制作文物，散见载籍者，如划野分州、经土设井、立步制亩、确定社会组织。又帝之史官仓颉始作书。盖承伏羲之后，别有创明。帝之臣大挠，始作甲子。又有容成者，制盖天（浑天仪），及调历（黄帝历名）以定四时。又始制冕服，焕乎其有文章。又帝始命隶首定数，造为律度量衡。命宁封为陶正，赤将为木正，以教百工，以利器用。又命挥作弓，夷牟作矢，想必于蚩尤五兵之作，别有发明。不然，何能胜蚩尤乎？又命共鼓，化狄刳木为舟，剡木为楫，以济不通。邑夷作车以行四方，服牛乘马，备物致用。民乃大利。又作军用物，如旗、纛、镯铙、鼓角、灵鞞、神钲之类，使战陈可以利指挥，作军气。又伐木构材，起建合宫。明堂敷政，创立其规。又始范金为货，制金刀五币以御轻重。《易·系辞》所谓通其变，使民不倦者也。又帝元妃嫘祖，始教民育蚕。又命伶伦取竹，㠇溪之谷，断两节间而吹之，创定音律。又立司天之官。命臾苤占星，斗苞授规，正日月星辰之象。并令羲和占日，尚仪占月，车区占风，各掌天文之事，气候测验精审可知。是则开物成务，创制显庸（庸，用也。显庸，谓备万物而显其用也），莫盛于黄帝之世。《大戴礼》："宰我问孔子曰：'荣伊言黄帝三百年。请问黄帝何人也，抑非人也。何以至三百年乎？'子曰：'生而人得其利百年，死而人畏其神百年，亡而人用其教百年。'"详此所云，既非神话，又非见于一书之文，则黄帝为实有，可知。夫乌有先生，唯神话中有之耳。今此散见各种正书，又非有共同造伪之约，安得以黄帝等诸神话中人物耶？

或疑晚世方士，有所谓五帝之说。如东方青帝，西方白帝，中央黄帝之类。而此黄帝名号，似是方士所托。不知晚世方士之谈，另为一事。安得以方士有所谓黄帝之名号，而疑古代黄帝为无其人乎。果如此一则当因方士所谓帝之名号，而疑自昔以来历朝之帝为都无也。按黄帝制作虽多，而其最使社会注意者莫如定章服，以章五色。古者以黄为正色。人君衣黄袍，帝官作黄色，其源或自黄帝。《易》曰黄中通理。服色尚黄，颇有意义。（民国以来，始从西俗，章服不尚黄。）黄帝之号，或因其制定服色而得称，未可知也。

黄帝经道家伪托。（庄子始托其说于黄帝。）自战国迄汉初,想必经道家者流,附会许多妄诞之说。史迁所谓"百家言黄帝,其文不雅驯,荐绅先生难言之"。夫曰不雅驯,则为怪诞之谈可知。若关于文物制作诸事,则无所谓不雅驯也。史公又曰:"总之,不离古文者近是。予观《春秋》《国语》,其发明《五帝德》《帝系姓》章矣,顾弟弗深考,其所表见皆不虚。《书》缺有间矣,其轶乃时时见于他说。非好学深思,心知其意,固难为浅见寡闻道也。"据此,则史公作《黄帝纪》,其征考最为矜慎。后人何可妄疑?若古书一切不信,则古事无可谈也。诸书散见黄帝事者,既非神话;又据《尚书》而考尧舜时代之文化,亦当有黄帝之文物制作,为其先导。否则唐虞之盛,何可骤至?故不独黄帝实有其人,万不容疑,即诸书所纪黄帝时代之功绩、创制,亦断断不可妄疑。

中国民族本最古(由北京人之发现可证),其开化特早,原无足奇。今日学子,好立异以为高,不惜矫诬古籍,变乱事实,乃至摧毁民族数千年信仰所集之标的,毫无畏惮。此为可痛之现象。闻有以大禹为虫,而无其人矣;有谓屈原无其人矣;有谓墨子非中国种矣;有谓唐太宗为胡产矣。种种怪妄,不可究诘。然诸疑大禹,疑屈原,疑墨子,疑唐太宗者,则众人多知其邪妄,往往一笑置之。独黄帝最古,而其名号又似难索解,于是疑黄帝之说,易以惑人。

余以黄帝为中国五族之元祖。数千年信仰所集，故不能无辨。余坚确之信念，则庄子重言，既称黄帝，必古有其人，亦为世所共知有者，始可假其事与言，以为重。又凡有人名而无实人者，唯神话中之人名，则然。今诸书涉及黄帝者，多系正规典册，绝非神话性质。而所传名事，又非怪诞之谈。以此，确信黄帝实有其人。愿将来修通史者，于此注意焉。

孔子之政治思想以伦理为本，实导源于尧、舜。《虞书》云，"帝曰：契，百姓不亲，五品不逊（《史记》逊作驯），汝为司徒，敬敷五教，在宽"。按五品者，父子、君臣、长幼、夫妇、朋友，五伦也。五教，谓父子有亲，君臣有义，长幼有序，夫妇有别，朋友有信是也。亲义序别信五者，本于天性而达于伦类之中，各得其理，是所谓道德也。吾国先哲，其言道德，无不以为本于天性者。功利之说，则未之有闻也。今依五教，略明其义。

首以亲言。父母之亲其子，子之亲其父母，皆非有所为而为之也，皆出于其本心之不容已也。本心之不容已者，即天性也。其有失于亲者，则后起习染之私为之，而本心不存焉者也。本心不存，非果泯亡也，直为习染所障耳。

次以义言。义者宜也。君以恩礼使臣为宜，是亦自求诸心之所不容已也。非将有所利于其臣，而始为此也。然而君或有所利而为之者，则是君自丧其本心之良，亦习染害之也。臣以忠信事君为宜，是亦自求诸心之所不容已也，非将有所利于其君而始为此也。然而或有所利而为之者，则是臣自丧其本心之良，亦习染害之也。

长以慈幼为序，幼以敬长为序。（序者理也，长不慈幼，幼不敬长，则失其理。）皆各发于其本心之所不容已也。设使有长而暴幼，及幼而慢长者，试令其人平情静气，屏除习染，而自叩其良知焉，则必皆有所不安于心者。此不安之心，即天性之不容已也。夫妇之别，朋友之信，一皆发于其本心之不容已。纵淫无别，诈伪无信，必其习染乘权，本心沦丧，而后不觉其非也。否则其心有能一日安乎？故亲、义、序、别、信五者，皆人之天性所固有，而达之伦类之中，以各当其理者也。此五者，具于无性，谓之道。人率而行之，以有得于心也，则谓之德。然凡民在日常实际生活之中，往往于无形中拘其形骸而有自为之私焉，于是起诸习染，而不克有其道德。此教之所以兴也。教者，因人之天性而启之，将使人反求其在己者，在己者即谓天性。非能增益以其所本无也。在宽者，本身作则以化之，因其善端而诱之，崇奖有道者以劝之，终不以威刑齐之也。若齐之以刑，则是从外面拘束而使之然，非所以使之反求内在的本心（天性），而敦自然之化也。（非字一气至此。）

唐虞设教之本旨盖如此。

故孔子称美尧舜之辞曰："大哉尧之为君也。巍巍乎，唯天为大，唯尧则之。荡荡乎，民无能名焉。"尧使人自得其天性而已，未尝以己宰物也。天成物而不宰。舜德犹天也，万物不谢生于自然，而何能名尧之德焉？孔子称美舜与禹之辞曰："巍巍乎，舜禹之有天下也，而不与焉。"不与者，言无所事于天下也。任天下之人各得其天性，而无不治也，而我何所事之有？此舜禹所以上同乎尧也。（注家解不与，以为视无下于己若非所有者。此解殊浅陋，非夫子本旨也。）从来学者，皆言孔子贵尧舜无为之治，顾不了无为之实。若曰无所为作而已，则是糜败天下事也。若曰为而不扰而已，则如何而后能为之不扰耶？仍未有说明也。须知孔子政治思想以伦理为本。其言伦理，则本之唐虞五教，将使人各反求其天性。亲义序别信，油然畅然达于父子、君臣、长幼、男女、朋友，一切伦类之中，各得其理。天下熙熙焉，皞皞焉。总德而立，旷然天游。夫如是，则虽复经纪万端，修举万事，实乃各适天性，交尽其力。不待约法素习，而循理为治；不待乘敝激变，而更化随进。夫何所为作之有乎？孔子曰："为政以德，譬如北辰。"北辰，无为也。而以德，则其所以无为也。德者，本之天性，以达于伦类之中，各当其理者也。何云以德？敷教之谓以。凡民不克率德，必敷教焉。而后克厥德也。孔子论治，实以唐虞五教为本。修古史者，于此不可不尽心焉，勿以为陈言而刍狗视之也。

今之言道德者，以为亲义序别信不适于新时代也。不知道德的表现，随伦类关系扩大而有新的形式。如旧言伦类，只有五品。今则不当限于此五，而有个人对社会之伦焉。独立、自尊、自觉、公共心、责任心、平等、自由、博爱，皆今之所谓新道德也。与旧云五品中之亲义序别信，异其形式矣。然而道德的本质，即所谓天性是也。此乃恒常不变，无新旧异也。亲义序别信，皆出于本心之不容已，皆天性也。独立、自尊，乃至自由、博爱，又何一而非出于本心之不容已？何一而非天性流行乎？人类的天性，本是无待无倚的。（不待他有，曰无待。不取资于外，而生理自足也，曰无倚。）故独立不羁者，天性然也。自尊而不肯妄自菲薄者，天性然也。本心之明（即天性固具），常惧为一己平生染污结习，与社会不良习俗等等之所缠固蔽缚，而求反诸良知之鉴照，以适于事理之当然，是谓自觉。此非本心之不容已而何？非天性而何？天性上本无物我之分。故公共心即天性之流行而不容已也。天性至诚无息。其视天下事无小无大，莫非己分内事直下承担，无有厌舍，无或敷衍。故责任心，即是本心不容已处，亦即天性也。天性上无物我之分，故无恃己侵物（此待物平等），亦无蔑己毁性。（不自轻蔑，故不至为恶以毁伤天性，即自性平等。）故平等者，发于本心之不容已也，天性也。天性本来自在，本来洒脱，于一切时，于一切处，无有屈挠，是谓自由。自由正是天性，不待防检。盖自由与放纵异。才放纵时，便违天性，便已不是自由也。西谚曰，人得自由，而必以他人之自由为界。此非真知自由义者。真正自由，唯是天性流行，自然恰到好处，何至侵犯他人？天性上本无物我分之，自然泛爱万物。故博爱者，本心之不容已也，天性也。凡诸私身家而不顾社会公益，私其一国家一民族，而欲以他国他族为鱼肉者，此皆人类后天的恶习，积累日深，遂至障蔽其天性中博爱之善端，而以恶习为心也。中土圣哲之学，唯于自家天性，体究真切。此学此理，在今日无可与人说。今人精神，完全向外追逐。其为学，又纯恃客观方法，不知有反求内证之功。故于此学，竟成隔膜。其闻天性二字，且不知作何感想也。总之，道德有其内在的源泉，即本心不容已处是也，即天性是也。若不于此处用力，只在伦类间的关系上讲求种种规范，谓之道德，仍是外面强作安排，非真道德也。人类终古不得复其天性中自然之善，而互相攻夺，无可幸免，终必自毁而已矣。

今人多主废弃旧道德。此其本心沦丧故也。父子之亲，其忍废乎？君臣一伦虽废，而有忠国家忠民族之义焉，其忍废乎？长幼之序，不可废也。夫贞而毋邪配，妇贞而无私遇，人道之异于禽兽在是，即生理上亦不容渎乱也。夫妇之别，可去乎？朋友之信，人道斯在。诈伪相与，则不成人类。且朋友一伦，所摄至广。如领袖以诚信导群众，群众以诚信戴领袖，亦朋友有信之谓也。

上来因论五教，说得嫌多。然此确是根本问题。历史学在数往知来，于此正不容忽。

古代我同族人之流徙于各边塞者，其俗日习剽悍，文化亦未能发达。唯东北人尚多保存其在内部时之美德，少为边患。而朔北人则风气特别刚劲，其势力且遍于西北各边，时或侵暴内部。当时谓之北狄，亦称荤粥。黄帝尝逐之，使安其所而已。自后至于高辛，称日月所照，风雨所至，莫不从服。尧时协和万邦，舜时四门穆穆，可见其时朔北亦内向中朝。

帝舜时，内部有三苗独立，初未统一。《史记》云："三苗在江淮、荆州。"刘宋裴骃《集解》引马融曰："三苗，国名也。"唐张守节《正义》引《左传》云："自古诸侯不用王命，虞有三苗，夏有观扈。"孔安国云："缙云氏之后为诸侯，号饕餮也。"吴起云："三苗之国，左洞庭而右彭蠡。"（按：洞庭，湖名，在岳州巴陵西南十里。彭蠡，湖名,在江州浔阳县东南五十二里。)又《史记》云:"缙云氏有不才子,贪于饮食,冒于货贿,天下谓之饕餮……舜宾于四门,乃流四凶族,迁于四裔。"裴骃《集解》引贾逵曰:"缙云氏,姜姓也。炎帝之苗裔。当黄帝时,任缙云之官也。"详上所引诸说,足见古代苗民,确是汉族,本炎帝之后。其所居即今两湖、江西之间。《左传》谓为舜时诸侯之不用命也。《史记》据古籍,谓其贪冒,为天下所恶。舜迁之四裔,盖只迁其君与君之家族,非空其国人而迁之也。据《尚书·大禹谟》,帝舜以有苗弗率(不顺王命也),命禹徂征。禹纳益之谏,不果用兵。帝舜乃诞修文德。七旬,有苗格。想是有苗国君被流放之后,苗民不无怀旧之思,犹未服王命。舜复命禹伐之。益谏禹,有满招损、谦受益之言。盖谓既流其君,又伐其国人,是中朝将以满盛招损,不如修德以来之。禹与帝舜,竟能兵修文德,而苗民遂来格焉。(格,至也,谓来听命朝廷也。)内部由此无不顺于教化者。可见统一之功,不当恃武力。又禹誓师之辞曰"蠢兹有苗,昏迷不恭,侮慢自贤"云。可见其并非凶暴之群,只是不顺朝命,有独立之意而已。与《左传》所云亦合。舜禹之征讨,亦只欲完成内部统一,别无私意。苗民卒服化焉,毕竟是内部有高深文化的群众,故团结自易。由是以观,则苗民原未尝受逼。不知后人何以有灭苗族之说也。又张守节《正义》引《神异经》曰"'西南有人焉，身多毛，上头戴豕，性狠恶……善夺人谷物。'三苗性似"云云。此则谓三苗似后世西南山谷之野人。纯是臆说，所当辨正。又苗民之先神农，本生于姜水，当在今陕西宝鸡境。旧说西羌（今藏族）为三苗之后，大概当初苗民有一支徙今西藏等地，有一支散布内部，即今两湖、江西等地。或其君族被朝廷逼窜三危，即今甘肃地。其后发展，而益西徙今藏地，为西羌云。晚世对于三苗之解说，甚为离奇。余征集古说散见者，与《尚书》相证。苗民事实，庶几章著云。

自伏羲至唐虞，科学思想便甚发达。（虽不能说他已成功了科学，但科学思想之发达，则无可否认。）唐虞设共工之官，以理百工之事。日用器物的创作，技术的精巧，大概犹可想见。禹造交通之具，陆行乘车，水行乘船，泥行乘橇，山行乘樏。虽不尽由禹发明，大概至禹改造益精。至于政治和社会方面，种种制度的创造，由伏羲而至尧、舜，便已大备。若详考而深论之，亦有温故知新之益。是时学术最盛者，莫如天文、算术、音律、医药。（《黄帝内经》虽或后人所托，然当时必有医术，故后人托之耳。如《庄子》托于颜渊的一段话，与颜子亦有相近处。）其发展至如何程度，今虽不可得详，然创明特早，极可惊焉。天文仪器推测之精确，历家定节候之准的，音律之微杳绝伦，后人多莫能及。《列子》书中有云，"天地，空中一细物耳"。此虽中古伪书，其言必本古代遗籍。古代天文学者，必已知道宇宙间有无数的太阳系统，故有此言耳。天文、音律二学，皆非数学精深莫办，可惜后儒罕能传之。又黄帝以来，析土宜，辨物性，亦最精审。农业早盛者以此。当时学校教育，已极发达。古史称五帝之学，名曰成均。又称有虞氏养国老于上庠，养庶老于下庠。今西人国学必有高年教授在其间，犹符此旨。其学术发达，有以也。今人以欧洲文化发达之晚，因狃于进化之说，必欲将吾国前代文明，尽行抹煞，而说为野蛮，不知是何用意。

关于古圣王德行处，作史者宜详考载籍而叙述无遗。尝谓西人之论治也，自下而上。西谚所谓善治如草木，民智如土田是也。（土田好，则草木茂。民智高，则善治可期。故社会不良，而政治难期善美。必下层好，才可望上层好。）中人之论治也，多主自上而下，所谓"君子之德风，小人之德草"与"人存政举"等说是也。实则二说不可偏废。由西人之说，必注重民众教育与群众运动，使一般人民的智、德、力等方面，皆有长足的进步。如是则社会优良，决不会产出坏的领袖，即有坏人，亦不能占足于政界，此乃一定之理也。西说好处在此。但人民的智、德、力未增进时，还是要待好的领袖以身作则来切实领导群众。否则社会如何好得了？西洋文明发展到今日，却还靠领袖来引导群众，而其群众亦甚服从领袖。中学的说法，在今日更可见其理由充足，不可颠仆。吾尝言，人类就全体说，总是进化的，但就各个分子说，在长途进化之中，每经一个阶段，而各分子间的智、德、力等方面，欲其各各平等俱进，无有差别，此终是不可能。因为各人有气质上的缺憾，本于造化之无心而构成。这是无法避免的事。因此，人类智愚贤否，毕竟永远是不齐，而领袖人物的需要似是永远不能去掉的。既陈此义，仍归到本题，即我古代圣王所以创建此伟大的国家，决不是偶然的事，必其德行有以大过人者。我侪生数千载下，只有从古籍中搜罗材料，借以想象古先圣王德行之实。《史记》称黄帝，"勤劳心力耳目"。又曰，"未尝宁居"。可见其为群众牺牲之精神。又称颛顼曰："静渊以有谋。"静渊者，德之本也。又称帝喾曰："普施利物，不于其身。聪以知远，明以察微。顺天之义，知民之急。仁而威，惠而信，修身而天下服"，"溉执中而遍天下"。言帝喾治民，若水之灌溉，平等而执中正，遍于天下也。（**按，帝喾为尧父。**）《论语》记尧授舜之辞曰，"四海困穷"，"允执其中"，"舜亦以命禹"云云。夫欲使四海困穷之民，各得其所，则在乎以平等而执中正为治。帝喾首行之。尧承其家法，而以授舜。舜亦授禹。《史记》据古籍记帝喾之行事,与《论语》尧、舜、禹相授受之辞,不谋而合。此岂得谓之偶合耶?今人不信古书,不知脉络分明,乌容抹煞。以疑古炫俗,何其忍心害理耶?平等执中之道,后来儒家承用,益弘其旨。《大学》言平天下,而本之絜矩。(絜矩,所以求平也。只计及我一方面的利害,而不顾他方面,即非絜矩之道,即无以求平。)《周礼》立政,唯本均平。将来世界人类而有自觉之一日也,舍平等执中之道,而何以焉?《史记》称帝尧曰:"其仁如天,其知如神;就之如日,望之如云。"而孔子称述之辞,见于《论语》者,亦必有所据。孟子称舜:"明于庶物,察于人伦,由仁义行,非行仁义也。"(仁义,性之德也。舜能全其天性,故所行皆从仁义之性而流出,曰由仁义行。失性而作伪者,以仁义为美名,乃勉强而行之。舜则不然,故曰非行仁义也。)孔子述禹之德曰:"禹,吾无间然矣。卑宫室,而尽力乎沟洫。菲饮食,而致孝乎鬼神。禹,吾无间然矣。"孟子称其好善言。夫自苦以勤民事者,如天之仁也。自薄而致孝,不以嗜欲害其本心也。好善言,至公无私故也。《论语》记汤之辞曰:"万方有罪,罪在朕躬。"基督似之矣。孟子曰,汤"执中"。此则帝喾以来相传之道也。又曰,"立贤无方"(方,类也。贤则立之于位,不问其类),公之至也。孔子称文王为"至德"。孟子云:"文王视民如伤,望道而未之见。"可谓善形容圣人心事。又称武王曰:"不泄迩,不忘远。"泄,狎也。至公之心,遍注天下。故迩不狎,远不忘也。为一己之私者,必狎左右亲迩,而忘四海之远图。又称周公曰:"思兼三王,以施四事;其有不合者,仰而思之,夜以继日;幸而得之,坐以待旦。"周公之忧勤天下与来世也,至矣哉。凡此,必皆据古史记载,非揣测可得。须知吾国数千年高深的文化,若非累圣明德相承,艰辛领导,何能有此伟大成功。天地间,没有以虚妄而做出实效来的。(此处吃紧。)我辈于古先圣王真实德行,切须留心体究,不可忽略过去。作史者,要当于此有所发挥。

尧舜盛德,观于孔子《论语》中所称述,即可想见。闻今人编学校教科书,却把尧舜禅让之事,看作与操懿同流。不信古今有德人,不信古今有美事。以此败坏青年心术,最堪痛恨。试思古籍,称尧舜之圣德,亦称蚩尤与四凶等等之恶德。即其于恶无掩讳,可征其于善无粉饰也。如谓古史家记录恶行,或有偏党,然尧、舜、禹,皆其所尊为圣德也。舜之父瞽,禹之父鲧,史皆不掩其恶,不为圣王之父而有所讳也。以此征其无偏党。世之说者又曰,当时去部落时代未远,君位未定也。尧授位于舜,亦是寻常事。然后世游牧诸胡,犹以争位相攻杀，流血不息。况唐虞时，一统之局久定，历史事实，不可抹煞乎。在圣人行盛德事，本自寻常。而吾侪把古今盛德事看作寻常，鲜存敬慕，则此心有不可问者。此不可不辨也。自操懿以后，奸人得志。社会染于污习。以为当国者，只有利害，无有道义；只有骗诈污贱，无复博大高明。因于古圣王行事，不信为实。以此成心习，欲国无亡、种无危，何可得也？

或曰：儒家言古圣帝明王之德，可谓盛矣。然诸子之论每不同。其所传帝王行事，亦有异乎儒家所称。此何故耶？答曰：儒家自孔子盛道尧、舜、禹、汤、文、武、周公之事，见于《论语》。其学术思想之渊源，在是也。诸子晚出，各求异于孔氏，而自树一家之论，故不得不将孔学之所根据者，一切摧毁之。孟子时，齐稷下先生之徒，非尧舜，薄汤武，皆反对儒家者也。孟子言必称尧舜，而韩非独诬辞薄之。韩非所说，纯是造谣。其书《忠孝篇》曰："瞽瞍为舜父，而舜放之；象为舜弟，而杀之。放父杀弟，不可谓仁；妻帝二女而取天下，不可谓义；仁义无有，不可谓明。《诗》云：'普天之下，莫非王土；率土之滨，莫非王臣。'信若《诗》之言也，是舜出则臣其君，入则臣其父，妾其母，妻其主女也。"细玩此段话，其为造谣，显然易见。如所云，信若《诗》之言也，是舜出则臣其君，入则臣其父，妾其母云云。前文云，舜放父、杀弟。今忽引《诗》，又曲添出妻其母一事。岂不怪哉？夫受尧之禅，非是臣其君也。子为天子，何至便臣其父？后世汉高即帝位，而其父太公犹存。谓汉高臣其父可乎？且唐高祖禅位于其子太宗。后来此等事颇多。清高宗之于仁宗，犹行之。若如韩非之说，则凡子受父禅者，皆是臣其君父。有是理乎？妻其主女，便成罪名。则凡自古帝王之女，皆当寡居。因人臣不可妻主女故。韩非邪妄诬构之辞，稍有识者，不难明辨。臣君父，妻主女，妾其母，种种造谣，既皆易见，则放父杀弟，为其故造之谣，不辨可明。古史载瞽瞍惑后妻，不慈于舜。象又日以杀舜为事。而舜卒以孝友感其父与弟焉。当时尧与四岳、伯益等皆称舜之孝友。见于《尚书》，岂可抹煞？韩非乃反构舜放父杀弟之谣，不知是何居心。按韩非主张法治，故极力反对儒家言人治。其辞曰："故人臣毋称尧舜之贤，毋誉汤武之伐，毋言烈士之高。尽力守法，专心于事主者为忠臣"云云。此等言论，《韩非子》书中，满纸皆是。其所以诬罔古圣贤，即此故也。战国时，诸子百家初起，皆各有追索真理之热诚，各有伟大的创见。但其门徒后学，渐至失掉本师的大处，而偏以攻伐异己为高。故不惜坏心术，而造诬妄无聊之说。如《竹书》所载，太甲杀伊尹，文丁杀季历。皆此类也。法家初祖，今不可考。其家派亦多。如韩非者，盖亦法家支流。其书亦当有末学小生妄加入的文字。学者不当轻信。

孔子本云"信而好古","述而不作",但其考古之态度极谨严。据《论语》所载,言夏殷之礼,而以杞宋不足征为憾。又称美古者史阙文,而叹今之亡其风。则知妄造古事,孔子时已有之,而深致叹乎此,因追慕古史之谨严而能缺文,不妄添说也。孔子又曰:"多闻阙疑,多见阙殆。"又曰:"知之为知之,不知为不知,是知也。"凡此,皆足见孔子为学的态度与方法,其与晚世科学家遥相契。其考古最谨严。故孔子所称述之古圣贤,吾侪必不容不信。孟子生平愿学孔子。其论及古哲,皆依据孔门传授,不为当时猥鄙诬词所乱。汉儒云:"百川异流归于海,群言淆乱衷诸圣。"可谓能守家法。今世后生言古事者,好背六经而逞邪怪臆说。凡战国诸子书中,所有掺杂诬妄之词与后世浮浅而妄疑古籍之说(古籍诚不无可疑,然如欧阳修等,则浮浅而妄疑者多矣),最为流行。此乃学风大弊,君子所深忧也。

以上都是关于甲期的几点零细意见。

第二期　夏禹至西周

甲期中,庖牺至于二帝,唐虞政治社会与学术各方面的创造,似都有突跃之象。至乙期中,统一之局已粗定。政治上各种制度,自有许多改造。(如官制及田赋等等。但禹时九州,只是划为垦田定赋之区。非当时领域只限于九州也。夏朝声威最远,何止九州。)然学术思想与技能等方面,夏朝似有一种停滞之象。《表记》曰:"夏道尊命事鬼,敬神而远之,近人而忠焉。先禄而后威,先赏而后罚,亲而不尊。其民之敝,蠢而愚,乔而野,朴而不文。殷人尊神,率民以事神,先鬼而后礼,先罚而后赏,尊而不亲。其民之敝,荡而不静,胜而无耻。周人尊礼尚施,事鬼敬神而远之,近人而忠焉。其赏罚用爵列,亲而不尊。其民之敝,利而巧,文而不惭,贼而蔽。"这一段话,叙三代政俗,大概可信。夏朝人蠢而愚,乔而野,朴而不文。学术上想无甚进步。殷时人,荡而不静,胜而无耻。然荡而争胜,则已渐开西周之风,知识必又发达。周人利而巧,文而不惭,贼而蔽。足征此时人的知识已大开,文明盛启。利而巧,必于物质上多所开发也。周公能作指南针,此不是偶然的现象,必其时科学思想发达,工艺精巧,始得有此发明。文而不惭,文明盛则诈伪多也。利弊相因也。贼而蔽,贼,深刻也。知识精深,则务偏至。偏至,则明于此者,暗于彼。故曰贼而蔽。今西洋学术,犹患此也。《表记》这段话,似是杂录晚周道家语。道家反文明故也。然其观察深刻,至可玩也。孔子曰:"郁郁乎文哉。吾从周。"故知《表记》所云，非孔门之传也。然推观三代世变莫如此段之精矣。故表而出之。

世儒以唐虞揖让，汤武征诛，为风会大转变处。不知君位传贤，但是二帝高行，于世运上不算一个变局。汤武征诛，亦是朝代迁移中必有之现象，不是世运中另成一种趋向。

第三期　平王迁洛至六国之亡

春秋战国，不能判为封建社会时代。闻有人据甲骨文的材料，臆测古代社会情形。余以为地下发现的材料，当与古籍相参考，但万不可胸怀成见，先把吾国某时代的社会，硬判它属于未进化的某种状态中，然后随时所尚，而取片段的材料，以证成其曲说，自矜新颖。中国只是中国。各时代的社会情形，还他各时代的样子。须综观全部，不能以一曲论也。如生物学者，发现一个原生物，遂不博观生物界发展的全部，而但据一个原生物，谓今日犹是原生物的时代也。岂非可笑之至乎？今人摘片段材料，以断古事，大抵类此。须知就机械发明与生产改变的观点，以判社会的阶段，则谓中国至今未离封建社会可也。从文化方面，如哲学思想、艺术、道德及政治社会等等的观点而说，则谓春秋战国时犹是封建社会，其何以餍人之心乎？当时社会有丰富的动力。生产虽以农业为本，而春秋时农人，已有直接参政权。列国有御敌及立君等大事，人民全集于外朝而共议焉。（《左传》中，此等事实甚多，蒙君文通尝征集之。）可知是时农民已非复为君公大夫之奴隶矣。工商业亦渐发达。《论语》曰，"百工居肆以成其事"，是工人已群集都市，非复为家庭附业也。《管子》书中所记，亦可考见。郑商人弦高，远商国外，闻秦师将袭郑，设计却之。足征当时商人知识甚高。至其时人道德思想，皆趋向于独立（儒家遁世不见是而无闷与中立而不倚的精神，道家浩然独与天地精神往来的境界，皆代表其时代个人尊尚独立的道德。）、平等（孔子"有教无类"，孟氏谓"人皆可以为尧舜"，明人性无差别；道家与万物同体的意思，皆代表其时代尊尚平等的道德）、自由（子贡云"我不欲人之加诸我也，吾亦欲无加诸人"，此自由义也。人以非礼加诸我，是毁我之自由也。我不可受也，尊我之自由也。我所不愿受者而施之于人，是毁人之自由也。吾决不以此加诸人焉，尊人之自由也。如此言自由，可谓精矣。《庄子·在宥》，义益恢广。凡此，皆代表其时代尊尚自由的道德）、博爱（孔云"泛爱众"，墨言"兼爱天下"，"兼利天下"，皆代表其时代尊尚博爱的道德）。视今世所谓文明先进者，利令智昏，抢夺是务，其高下果何如耶？艺术有伟大、浑朴、精丽种种之美，自古代已然。古物之偶存者，可考也。哲学思想，则诸子百家，各穷其大，各究其微，蔚然钜观。如斯伟大时代，而谓其犹是封建社会，谓其不脱封建思想，吾所不能解也。中国与西洋两方文化，毕竟各是一种路向，各是一种面目。执西方之所有，以衡中国，而一概卑陋视之，吾未见其可也。

三代的田制（如井田）、税制（如资助等），最为难考。治古史者，望于此细心焉。

明堂、学校、里社等制度，原于上古，而极备于成周。近见蒙君文通，颇有考订。然彼似一方面认为是当时王朝与列国的行事；一方面又说为汉代经师的哲学，其议论未免混淆。实则此等制度，本古代所实行者。据蒙君所征引材料，皆属历史事实，并非汉世经师之一种理想。经师只是绍述古学，谙习先王成法。推其美意，不欲废坠，愿后世勿失三代治制之良，而流为专制愚民之弊。汉世经师博大诚挚处，决非清儒所敢几及者，正在此耳。但蒙君如谓此等治制，为出于经师之哲学思想，则又与其考征古事之态度，自为矛盾，不可无辨。吾本未多看蒙君的著作，但曾看过一二篇短文，觉得他是如此。然而蒙君在这方面努力之绩，治古史者要不可忽。

晚周诸子书，今人皆以为西汉人伪托。因为时俗狃于进化之说，以为古代总不如后世，所以要将诸子思想拉退向后，以迎合现代的风气。此吾所不忍赞同者。战国时诸子百家，以儒、道、名、法、墨为最盛。其著述已多不传。

《墨经》与《韩非子》，其思想与文字，显然不是汉时的产物。墨子兼爱、尚同的思想，正是生在列强竞争时代的反感。其谈名学的部分，文字严栗简劲。汉人绝不能及。汉世所谓法家者，大抵务实行而不尚理论。其于行政持法也，主综核，尚严刻。前者如文景宣三帝之为治，莫不精于综核。（文景虽习于道家言，而亦参法家。）后者如晁错辈，欲矫宽缓而以严刻为政。（错主刻削诸侯，亦法家也。）汉世号为法家者，不过如此。至于《韩非子》书中，许多理论都是与儒家针锋相对。西汉法家并不注意理论的工作，且《韩非子》书文字，简而理（简要而有条理，异乎汉人不能持论），质而温（温润有文也），与汉人文字尤不类。

《管子》书虽非其本人所作，要为战国时法家辑录之书，则无疑。其书中多叙述管子当日行于齐国之政，必有所本。其理论部分，往往闳博奥秘而根于经验。非生当战国，另练宏富，则莫能为也。

更言儒道。《老子》书，以极少文摄无量义，真所谓含藏万有者也。西洋哲学书，大抵以辨物析理、条分件系、繁称博说为务。中国哲学书则称引不越人事，文辞浑约，而意理渊广。欲使读者会心于文言之外，可以涉众事，历万物，而毕达其原也。故以读西书眼光，而读吾先哲书，如不能得先哲意，则必轻之矣。此段话，本不专为《老子》书说，但读《老子》书者，必识此意思，否则无可与之言。《老子》书，广大渊微。其文辞，敛奇气于深淳，隐彩丽于朴质。汉人哪有此境地？汉人文字，不失之粗豪，即失之肤泛。（如贾谊论文，只是粗豪，无甚道理。《淮南子》书，其中深语，大抵杂录晚周人的。许多肤浅浮泛的文句，就是他们自造的。识者自不难辨。）凡大包细入，含摄万象，而着笔不多的文字（凡字至此为句），最为难作。张孟劬先生尝云，中国有三部奇书：曰《周易》、曰《论语》、曰《老子》。此说卓有见地。中世如王辅嗣的《易略例》《老子注》，郭子玄的《庄子注》，亦是难能。以其词约而理广故也。否则意尽于辞，不能令人起种种解。《老子》书，境地甚高，决非汉人所可伪。《庄子》书非伪，自不待言。

《易十翼》，为七十子后学记录孔氏之说，当是春秋战国之间的文字。比于《论语》，较为流畅。比于《韩非子》诸子书，则浑含（语浑而含理广，曰浑含）而不厉。斯所以异于后之法家也。即比之孟子书，亦朴质气味较多。（孟子之辨，稍近纵横，虽由应机故尔，然较之《易十翼》朴实说理，则稍异矣。孟子生孔子卒后百零六年。其著书在游齐梁后，至少在六十岁外。上距孔子，百七十余年。风气当大变。)《礼记》《周官》文字，大部分与《易十翼》较近。意者孔氏没后五六十年间，七十子后学，忆持尼山口说而始笔之简策乎。(百年者，数之大齐。五六十年间，则风会不能无变矣。)《礼记》，汉儒辑录之书，其或旁采晚周杂家材料，不纯为七十子传授之辞，亦间有谬说浅语为辑者所妄附。然大体自属尼山传授，无可疑也。《易十翼》义蕴，以《论语》推征之，殆无不合。故求孔子哲学思想的体系，诚莫如《易》。非旷然神悟，未可与之言斯义也。当别为文论之。《十翼》，决非汉儒所可伪。一则汉初儒者，值六国灭亡秦皇暴乱之后，无暇游心高远，仅能为抱残守缺之业。《十翼》博大精微，决非其所能为也。二则汉儒治《易》，偏于象数，又好以繁琐的名数，配合而成说，纯是悬空构画。大概是沿袭战国时阴阳家的绪论。西汉易家流行的说法，不曾申述《十翼》的义理。这是显明的事实。如何说《十翼》是汉人所作？汉人书中，引用《易传》中文字，此不足奇。如《淮南子》等书，大部分是辑录晚周人语，及缀述故事，间附以己说耳。其书中许多空泛语句，绝无义蕴，文字有杂凑而无力量者，大概由辑录诸人以己意掺加上去的。后人抄录或引用前代语，此是常事。如以此而倒转过来，反谓前代书是后人所作，此非怪妄之极乎？须知古书义蕴，不易寻索。狂妄狐疑，何如细心体玩。往者欧阳修辈，亦曾疑《易》。实则修只会作艳丽词语与八股式之古文耳。更有甚思想，更识何义理耶？孔子信而好古，亦曰"多闻阙疑"。唯虚怀求真，而非浅见者，乃可与言阙疑。此事谈何容易哉。总之，《十翼》确是孔氏传授，不可谓汉人所作。观于汉世言《易》者，风气自别，已足释疑。至于辨析其义，则非此中所及也。

《周礼》一书，今人或以为汉人作，或以为六国时人作。吾向者以为此书本出儒家，但融会法家思想。后来自知有误。此书确出孔子传授无疑。《论语》记孔子曰"吾其为东周乎"。其全副经纶，具见此书。今人也多知道此书的价值。其于国计民生，一切计划，周到而又广远。直是上天下地，无所不包罗，没有纤毫遗漏处。此书的组织，以官为经，以事为纬。大概原本周制，而推演精详，以成一部大典，待之后人。决定是孔子口说流传下来，其后学记录成书。大概在孔子没后五六十年间，不能再向后说去。后来的儒家，如孟子及荀卿的文字，看来都与《周礼》不相似，此意容当别论。吾初疑《周礼》受法家影响者，以为《周礼》似将民间万事，都加以严密的组织，故似法家。实则儒家政治思想，本不是任人民各自散漫，不相为谋的。果尔，则何政治可言？儒家思想，本来细密。即举一部《仪礼》来说，其条文何等详密？尤复当知，《周礼》的政治思想，其根本则在以乡三物，教万民。乡三物者，六德、六行、六艺是也。六德，智、仁、圣、义、忠、和。六行，孝、友、睦、姻、任、恤。六艺，礼、乐、射、御、书、数。郑玄注六德、六行，皆浅陋，而不得其旨。颜习斋之徒，知六艺切于实用，而于德行则未有见也。六艺在今日，相当于科学知识。辨物析理，则利用安身所必资也。然人道之所以立，则存乎德行。六德首智。万恶起于惑。未有愚而不恶者也。兽类凶噬，无智故耳。智者自明自了。心体澄明，无有感染。郑注以明于事言之，陋矣。仁者与万物同体。郑注，爱人以及物，亦是。然非真能以万物为一体者，又何能爱人及物乎？郑氏未识仁之体也。圣者，尽性之称。（天性真实，万善具足，不以私欲害之，使本性之善完全显现，故云尽性。）《中庸》言圣德处，可玩。郑注"通而先识"。不知未能尽性，则心有私蔽，何能通而先识乎？义者，以智断事，皆得其宜。郑注"能断时宜名义"。则未知如何能断也。忠者，心无邪妄曰忠。郑注言以中心，嫌泛。和者，心不放逸，物不得扰。郑注"不刚不柔"，则未知和之体也。孝者，善于父母为孝。弟者，善于兄弟为弟。睦者，亲于族党。郑注"专以九族言"，甚狭。应兼乡党言之。姻者，亲于戚友。姻亲也，不专为外亲言之，交友皆在所亲。郑注"义"亦狭。任者，社会公益所在，毅然身任其事，今所谓公共心与责任心是也。郑注"以信于友道言之"，失其旨矣。恤者，同情心。社会上有种种不平的制度与自然灾患等事，则对受苦者同情而谋所以振拔之。六德，难期于中人以下。故次六行，则尽人可勉之以实行也。详此，则《周礼》的根本意思与《论语》所云"道之以德，齐之以礼"，原是一贯。其于法家，全无融通处也。

晚周诸子百家，学术派别与学者姓名，及其著述存废，史家宜博考详征。

孔子哲学，自来在吾国学术思想界，号为正统派。研究孔子的思想，当以《易》《春秋》为主要的典籍。而群经与四子书，均当参互以求之。

或谓治《春秋》必通《礼经》。余谓《春秋》家言，不可胜穷，但当以何邵公所述之三世义为主。若依经文所载当时行事，而上究圣心所以别嫌疑、辨是非者，必据《礼经》故义，以为准绳。此亦就据乱升平二世言之耳。至于太平世义，原极性道，而知斯人继善以成其能。（继善，见《易传》。吾人不使心为形役，而有以全其天性固有之善，是谓继善。否则滞于形而失其性，即不能继续其本，有之善也。成能，见《易传》。继善之功，即人之所以自成其能也。此义须反身体会方得。）毕竟率其恒性，无有恶根也。（恒，常也。人性常于善，而人有不善者，是有生以后，滞于形而圄于染习，非其本性有不善也。书云恒性，旨深哉。）推征群变，而知奇偶相荡。（有奇数，则有偶数。而偶复为奇，动荡不已，是成万变。）世间无绝对之美，然《剥》《复》相因，终必有《复》之几焉。《易》终《未济》，而未尝无《既济》，义深远哉。又乃观物之生，以比为用。（《易》之《比卦》，明万物莫不以相比助而得生。互助论者，有见于此。）民群生产，均平为不易之原则。（《周礼》与《大学》，皆明此义。）以斯而谈，太平何遽不可期耶？然此义渊广，必会通群经四子。穷其根柢，得其条贯。夫而后可与言《春秋》太平义。岂徒执守礼文云乎哉。康有为言三世，空泛肤乱，无义蕴。其传自并研廖氏。蓝之质未美欤，犹未足以出青也。

《易》道深度，此姑不谈。要之，求孔氏学者，必主《易》《春秋》，则非余之誓言也。

传孔子学者，夙推孟氏。孟子首明民贵之义。论选贤，必国人皆曰贤。论刑，必国人皆曰可杀。论经济，必民皆有恒产。其他胜义无穷，要皆发挥《春秋》由升平进太平义也。其原本性善，则从形而上学中，人性的认识，以树立其太平理论的基础。博大精深哉，孟氏学也。今人或摘取为政不得罪于巨室一语，以孟子为主张贵族政治。此可叹也。言固有一时感事而发者。今各国政界有势力而系人望者，犹得以巨室言之。况自孔子时，大夫专国，"五世希不失矣；陪臣执国命，三世希不失矣"。以此证孔子时，贵族政治已渐崩溃。后来所谓贵族者，不过虚有阶位，如今虚君之国，犹存世爵之臣也。贵族而专政，则被倒也甚速。春秋世已然，况战国乎？春秋以来，政权日下逮于民。故孟子曰："得乎邱民而为天子，有以也。"《左传》中关于人民参决国政的事实很多。今人谓其时为贵族社会、奴隶社会，岂不怪哉？吾前云，周代田制、税制及学校、明堂等，须细心考正者，以此。因谈孟子，而牵连及之。

工艺方面的发明家，则有周公、墨子、公输子等。孟子称公输子之巧，必多创作。惜皆失传。而周公之罗盘针，其功尤伟云。

算学发达最早，而《周髀算经》仅存。当时数学书，散佚者必多。恐古代数学发展之程度甚高，惜今无从考见耳。

周世塞外诸部众（凡夷狄、外患等字，今皆不必用。以本同种类，又诸部在上世，本已臣属中朝故），犹未甚开化，俗号犷悍。春秋以后，时向内侵扰。齐国有管仲者，时相桓公，修明内政。为列国盟主，能纠合诸侯。故各国赖以安定，而侵扰者不得逞志云。

战国时，孟子始有王伯之辨。后来宋儒之学，一宗孟子。故于王伯之辨，尤断断焉。详孟子所谓王者，谓尧、舜、禹、汤、文、武也。《孟子》书中屡称之，谓其皆能"以不忍人之心，行不忍人之政"，绝无一毫矫揉造作，绝无一毫虚伪。国内之治如此，国外之交亦如此。故乃率天下以仁（率倡之也，以身作则，使人皆化之也），而使天下人皆有以复其本心，任天而动，放道而行（放，顺也。天者万物之本真。理之至实，无虚妄也。在人则谓之本心。道亦天也，特变文复言之耳）。无有诈虞，无有侵暴，无有欺诳，无有钳束。而天下熙熙焉，皞皞焉，各得分愿，率土旷然称治矣。王道之旨，盖如此。其所谓伯者，谓齐桓、晋文、秦穆、宋襄、楚庄等也。伯者，袭先王仁义之迹。（迹者，已然之谓。是先王已行之事。）而假之以自文，虽做得似仁似义，而实不从其本心流露，徒作伪以欺与国，取巧便。其处心积虑，则完全在功利上计算。所标榜者，皆极美之名。而所为者，乃利令智昏，不顾公谊，卒至一无所利，适得其害也。在其国际如此。至其国内之治，凡所以约其民者（约者，约束），纯本其一己之主张，制为法令而以权力强制人民，使之不得不从。彼直视人民如机械。其趋事赴功，亦足鼓舞一时，而使民有欢虞之象。欢虞者，势不可久，而愁惨随之矣。伯道之敝，盖如此。夫王者之为治也，一本于其不忍人之心。此不忍人之心，即所谓本心也。本心者，人皆有之。孟子是以谓人心之所同然者也。好仁而恶不仁，好义而恶不义，人心之所同然也。不仁者，而恶居不仁之名。不义者，而恶居不义之名。以此见不仁不义之人，其本心之同然者未尝不在。而至为不仁不义者，特执其小己之私，缚于染污之习故耳。王者，使人各得其本心之所同然，而无以小己之私害之，无以染污之习障之。人人共得于天性自然之中（自然，谓纯任天真，无有伪妄也），脱然无挂（无有挂碍也），旷然无害（无相侵害也）。美哉，盛哉，人道之至尊至乐也，王道所以为大也。孟子王伯之辨，义至宏远，盖本孔氏《春秋》太平之旨，而敷衍之。真乃义彻人天，德齐覆载矣。或曰，孟子贬斥伯功，亦已过矣。其曰仲尼之门，五尺之童，无道桓文之事者，然《论语》不常言齐桓晋文耶？不常大管仲之功耶？何孟子言之过乎？答曰：春秋时，五伯行事，犹有先王礼治之遗（当别为论），未至如战国时伯术之无所不用其极也。孔子已云晋文谲而不正。然战国时，复有如晋文者乎？晋文尚能用其民，能合诸侯，而六国已不能也。至如秦之残暴，则真如今法西斯主义国家矣。（今列强皆伯道也，而法西斯尤甚。）孟子所以过斥桓文，恶其开祸乱之源耳。孔子居春秋时，以管仲有匡天下、御侵略之功，故盛赞管子之仁。言各有当也。或曰：若王伯之说诚然也，则古代美于后世乎？答曰：如宋儒邵尧夫所云，则世愈降而愈下矣。余谓此问题太大。若详究之，将累帙不能休。无已，而简单言之，古代天才家之智力，其大处深处，或非后人所能及。但其条理详明处，又决不能如后人也。至古代社会上一般智力的水平线，其下于后代甚远，亦复何疑？古代圣人的道德，自当高过后人，以其浑朴未离故。若古代社会，虽较后代社会为浑朴，然对于道德行为之判别，则限于经验尚简，而未能精到。每有许多不合理的信条，亦安之若素，而不知其非。后代社会，虽智伪百出，而离其浑朴。然对于道德行为之判别，则又远非古代所及矣。夫王道出于古代圣帝明王，而伯道则后王所尚。孟子一本先王。荀卿法后王。故公孙丑、万章之徒，不肯仕于当世；而荀卿之徒李斯，遂相秦焉。儒家在战国，已有孟、荀二派，不能相一也。宋世，朱子与陈同父诸人，亦以王伯兴诤也。今世列强之治，又皆伯道，与秦为类，尚不敢望春秋五伯。五伯犹假仁义以行之。今则公然抢夺，公然为凶猁矣。余以为今后治道，必本吾固有王道的精神，而参以近世伯治之法度，方可拯兹人类。若纯任伯道，则人类终于自毁而已。邵尧夫诗曰："帝皇王伯大铺张。"（帝谓五帝，皇谓三皇，皆王道也。尧夫虽尚别有说，今此不从。吾意只云王伯并用。）百世之下，倘见行焉，犹旦暮遇之也。

二、中古史略说

中古史，起秦皇并六国称皇帝时，终唐末五代。

中古史，可分为三期，自秦皇迄东汉之终为第一期。自三国迄六朝之终为第二期。自隋文灭陈，统一南北，迄唐末五代之终为第三期。

第一期　秦皇迄东汉之终

秦皇并六国，天下始定于一。此是中国历史上极大的变局。前此，如夏至西周，虽确立中央制度，然实际仍是万国并峙。王朝不过监督于其上而已。及东周以降，王室亦夷为列国。尔后诸侯互相吞并，日益剧烈。逮战国时，仅余七雄。至秦始皇，遂灭六国，改郡县。自此，乃确立大一统之规模。此后，虽时有分裂，要是变乱时偶然的现象，终必复归于大一统之旧云。

中国至秦而一统，此实必然的趋势。一，则中国民性之表现也。中国人的思想，向来是趋向大同，不喜分化的。所以在远古部落时代，就有共主出现，如庖牺、神农诸帝，就是那时无数部落的共主。（当时侯国，原来都是部落。）又如塞外的各部，虽有时向内侵暴，然遇中朝有贤圣主政，他们还是各自荒塞外来朝，无有离贰。即此可见我先民厌分化、爱统一的天性。二，由事势演进的结果也。自夏朝大禹确立君位世及之制，王朝地位，日趋巩固。及周公厉行中央集权，共主之威愈振。（当时大封同姓功臣，能废除前代以来许多侯国。足见新王威权之大。又孟子谈王制曰："诸侯恶其害己也，而皆去其籍。"可想见王朝于诸侯有严密的统治的法规。此必周公所定也。）平王东迁以后，周室衰微。适值楚人崛兴，灭国无数。代周之势，虽未竟功，统一之业，已开端绪。（楚地不唯全有今长江、珠江两流域，即中部豫鲁等省，亦多入楚国版图。老庄自昔称为楚人，实非长江流域诸省人。其先，大抵是鲁豫间小国，为楚人所并耳。）秦人后起。所与竞者，仅余六国。而孟子当其时，已有天下定于一之预言。盖天下大势所趋，哲人知之审矣。三，则儒家思想之所促成也。儒家本持世界主义，不限于自理其国而已。孔子有太平大同之义。《大学》言治，以平天下为鹄。齐鲁之间，儒学浸渍已深。楚国则陈良北游，悦周公、仲尼之道。燕与三晋，势弱于齐楚，而皆依齐楚为重，其不能不熏染于儒术可知也。六国之民，既习儒言，而有诸夏统一之蕲向，非若遇异族侵逼，义不共戴也。又值六国君相昏庸，无以固结民志。故秦兵东向，而六国势如土崩。儒家思想之有利于秦，其一因也。及秦既夷六国，而所行者，悉反于儒生所期望。儒者又相率非毁之。秦皇惧儒生又将不利于己也，于是坑诸儒，而不知适所以速亡秦之祸也。卒之，秦皇仅为皇汉驱除难，非真能定大一统之业者也。而儒生之期望，竟获于汉焉。综上三因，天下之势，至战国末叶，不得不归于大一统。此其所由来者渐也。

中国自大一统以后，利之所在，而弊亦伏焉。畴昔本部之内，列国并立。文物制作，互竞雄奇。殆如欧洲列强今日之状焉。春秋战国，政权由贵族而逮平民。农人夙隶君公大夫之家，渐得解放，而为国家之公民。哲学思想，如十日并出，万卉齐发。或为极端个人主义（如春秋时文人，战国时杨朱等），或为极端社会主义（如墨子、许行等），或为极端国家主义（如管子、商君等），或为极端世界主义（如墨子及庄子是也。老子虽非国家主义者，但其主张又有特别处，容当别论），或亦坚持无政府主义（许行与庄子皆然），或专主法治（如韩非等），或始终不废人治（如墨与老，皆有尚贤意思），或力主专断独裁（如商君等），或偏尚自由放任（如庄子等）。种种矛盾，种种冲突，广漠扬沙，大洋飞浪，千态万状，雄哉奇哉。其唯宣圣，"天地为炉，造化为工；阴阳为炭，万物为铜"。穷极至道（万变不齐，揆之以道），通以三世。（《春秋》三世义，至为宏远。）大哉无不包乎。诸子各为偏至之论，俱为孔氏支流，而仍不能不汇归于孔氏。原夫道之一，而通其世之变。则诸子种种不同的主张，莫不各有所当，而各因其时。（《易》之《随卦》曰，随时之义大矣哉。）执其一，则碍于至理。通其变，俱适于大道。如四时之运行，如万物之并育。孟子尊孔氏所以喻如乐之大成也。又战国时哲学家中，有主知者（如名家等），有反知者（如道家），而孔氏，则于本体论方面，主亡知而默识。于日常经验界的事物，则不废知识，而以慎思明辨为功。此儒学所以为大也。后来名道诸家，各取孔学之一端，失其本矣。综前所述，学术思想界发展之状况，奇伟如是。岂不以诸夏为列国竞争之局，而始有此盛事哉？庄子云，"知出乎争"。盖亦见及此矣。及一统以后，全国悉为郡县，人各安其乡里。汉人所谓士食旧德，农照先畴。而无异见异闻，以荡其知。社会较为安定，而学术思想亦凝滞而少变化焉。所谓弊亦伏焉者此也。晚周诸子百家之学，至汉而亡失殆尽。名家、墨家，皆未有闻也。法家，则置其理论而不究。道家，亦全失老庄宏旨。如窦太后者，或略得于保耆精神之术，而因托于黄老欤。其他盖公黄生之伦，以清净少事言治。当扰攘之后，亦一道也。然其自得浅深何如，今不可考见。儒家，若董生，虽多守古义，而杂以怪迂。贾谊，全无思想可言，但文字有粗豪气，为时所推。后世名流不学之风，自谊开焉。其影响之恶，不可言也。淮南王安，招致游客。杂录晚周百家言，而妄有附益。本杂家也，而倾向道家为多。但其言，法出于民众公意。又谓法籍，礼义，所以禁人君使无擅断。（余民二有笔记一则，载梁氏《庸言》杂志，说此事。）此区区数十字，则晚周法家要义，赖以保存。功亦钜矣。王充《论衡》，肤杂无统纪。其他，皆可不论。汉世学术思想，锢陋亦甚矣。唯经师笃守明堂议政、君位传贤诸义，敢以死犯时主而不讳。（蒙君文通尝考之。）史迁于帝制，亦不满焉。（其列项王本纪，陈王世家，传货殖以戒垄断，传游侠以厉民气，皆有深意。）则以汉兴去古未远，晚周师儒轨范犹存。后此，遂不可见矣。汉之学者，除考正六艺外，诸子百氏之故言，亦间有采摭。而天文算数之学，亦多能通习，不失古之遗绪。吏治以循良著称，必其于政治上实际问题研习有素也。凡此，皆其可称者。然上视晚周，则思想单简，学术废坠，为憾多矣。自汉而下，失学日甚。著说者，乃至以浮俗杂文充数，而集部盛焉。老聃曰，"绝学无忧"。此实可忧之至也。岂人智不古若欤，亦大一统之环境使然耳。

又大一统以后，不唯学术思想少变化而已。即政治上，亦利弊参半。往昔列国之世，各国壤地较小，人民较寡。公朝之政令，达于民间也易。君卿大夫之与人民交接也，亦极密。人民之互相团结而参决国政也，又甚便。古代民权发达，良有以也。自大一统以后，疆土广远，而交通难；人民众多，而接触难。天子、相臣与亿兆民庶，成疏隔之势。每有政令，不易速达。地方监司守令之贤否，朝廷常不易督察。偶有英君贤相，能慎选疆吏，精于考课，则吏治可观，民获安辑。然此等君相，不可常有。故政治败坏者其常，而修明者其暂也。人民既互相疏离，而不易团聚。故日趋散漫，无缘共参国政。久之，人各自为身家谋，至不以国事为怀。凡此，皆大一统以后发现之弊也。然亦有其利焉。即政府因地大民众，不得不取放任政策。常一切任人民之自营，而无所拘迫。即政治败坏时，贪官污吏有所诛求剥削，仍自有相当限度。苟诛求剥削太过，则人民群起反抗。小则聚众控告官吏，或竟诛杀官吏。大则揭竿起义，四海响应，而昏乱之朝廷，随之崩溃矣。又人民既习于自营，如保甲、书院、义仓等等，多有可观。虽组织力未臻强固，然困而导之，则民治之基在是矣。今自世界大通，交通便利。东西文化，互相接触，若比邻之相与也。唯广大国家，广大民众，最易为治。则过去之弊尽去，而未来发展之利，将不可思议也。是在吾国人好自为之耳。

汉高帝，千古之英杰也，豁达大度，从谏如流。（此等处，切勿随便看过。）史称其知人善任。夫领导群伦，开物成务者，唯能用天下之智以为智，而不自任私智焉，所以为大智也；用天下之力以为力，而不恃少数爪牙之力焉，所以为大勇也。然所以能此者，则豁达大度故耳。唯豁达大度，故能从谏如流。如胸中有一毫私吝，则有所蔽焉，有所怙焉，而从谏难矣。不能从谏，则顺乎己者善之，异乎己者嫉之，何以知人？不能知人，何以任人？不能知人任人，而欲毋自害以害天下苍生，何可得也？汉氏长世，四百余年。三代后，国运昌隆，莫与比焉。高皇帝开基之善，有以致之也。近见后生，轻于持论。乃摘其见秦皇出游，有大丈夫当如是之语。又叔孙起朝仪，曰今然后知皇帝之贵。以此鄙其心事，不知人非上帝，安得语语尽善，事事尽美。但从其平生大端趋向而察之，则其贤不肖可论也。宋祖既君临天下，鉴五代之祸，常虑诸将有异志也，而务以高官厚禄靡其志，金帛子女柔其气。惴惴焉，唯猛士之是惧。而高皇帝晚年大风之歌，思猛士，守四方。所存不在一己，而在四方。视彼猜忌材武而思所以柔之者，何如乎？即此一念，而二代兴衰之故，从何识矣。夫大人物之有造于社会国家也，其端甚微，而影响极钜。可不慎欤？

王船山先生谓高帝起匹夫为天子，是古今一大变局。吾谓不然。国体未更也，政权操于君上，如故也。何所谓变局？秦既开一统之基，而不能守位。则代之者，必出于民间。此必然之势也。

秦据关中，而法家之言，独试验于其国，而致富强。商君孝公之烈，有足多者。秦地，自周室东迁而后，先生遗俗，日就湮灭。秦人新造之邦，约之以法，守信不渝，首从上倡。今人标榜法治者，皆躬先毁法之人。宜其所为与秦异效。苟非其人，道不虚行。天下事，谈何容易哉？然秦以法治，行之一隅而治。及始皇行之大一统之天下，而竟以速亡。其故何欤？六国之政，晚虽衰敝，其始，固一遵周先王之遗规，以礼为国者也。楚之围宋也，见宋人析骸而炊，易子而食，遂舍而去之。其伐郑也，见郑伯能自下，而谓必能信用其民。亦使复之，而不取其国也。楚雄南服，而彬彬有礼如是焉。中原诸国，又不待言。夫六国之政，皆近于礼治，而未习于法也。其文化，又素高于秦陇之民。秦皇一旦欲易之以法治，违其夙习，而又督之以严刻。欲傲然临天下之上，毋自覆焉。其何可得乎？

清末以来，治史者好为翻案文章。每颂美秦皇，吾不知其果何心也。秦皇以枭雄之资，承累世之强，壹意兼并，遂夷六国。诸夏文化，受其摧残，自是不振。大一统之局既开，后来人主，恒秉其规，务以力征兼并天下。人民在大一统而专制之帝政下，绝不利于组织，绝无参政机会。何者？大一统则地域广而人民众。势不得相结合以参预国事。专制，则亦不欲人民与闻国事。人民与国家关系，仅有纳赋与质讼二者而已。以此养成人民自谋身家的心理，而无所谓国家观念，无所谓民族观念，无所谓政治观念，无所谓公共观念。此皆秦皇开其端也。或曰，战国之末，不能不一统者，势也。焉得罪秦皇？曰，是不然。使秦皇无兼并之野心，修其内政，发扬文化，而与六国相休息，则势不能至此。夫六国之衰微，原因当不简单，然举其要者言之，则攻战太剧，疲敝民力太甚，实主因也。而六国之疲于攻战者，则又以秦人兼并之野心，威胁海内，不得宁息故也。使六国稍弛其攻战之祸，而各从事内治与文化之发展，中国当不至成为汉以后之局面。余以为人类不能无所与竞。但竞尚于德慧方面者，则世界所由进化。武力竞争，必不得已而后用之，决不可以太过。大《易》之道，去泰去甚，至可玩也。秦皇之夷六国也，疾如飘风。而其自亡也，亦如狂风不终朝。元室之纵横欧亚也，如飓风。而其结果又何如？此亦可为肆侵略而夷人国者之殷鉴矣。且秦皇以一统之局，而用愚民之术。焚书之事，近人虽多为之曲辩，然民间挟书有禁，直至汉惠而后除之。此犹得曰秦皇未尝以愚民为事耶？夫抚广土众民者，则莫急于开民智，养民力，作民气，使其练达于集团生活之中。由地方以达中央，人民皆得表现其力量，而后可为大一统之雄国矣。今秦皇唯用愚民政策，开此乱端，而汉以来君主尽率由之。周制外朝询万民与学校教民之政，乃至一切良法美意，至秦而荡然以尽。秦皇可谓万世之罪魁矣。

汉之治，先儒谓其杂王伯。高帝入关约法三章，疏节阔目，使人坦然昂首天壤，而不虞刑网之密逼迫之苦。其于王道也，近矣。高帝天资开豁，萧何能识大体，故所为往往有当于理。然仁心诚意，保育群生，一举一措，而不敢以私意干之。尧、舜、禹、汤、文、武，所以见称仲尼者，有以也。高帝、萧何，何堪语此。又凡哲王开一代之规，必博采群情，制为大法。王制，《周官》其书皆有所本，非由后人伪托也。汉兴，大抵因秦旧制，而去其太甚。挟书之律，至惠帝而后除之。承秦严刻而继之以苟简，终未能自树一代之规。天下安其简便，而不可与建皇极，游康衢。故汉之衰，而有曹马。天下沦于胡焉。固本之道既亏，驯至人无与立，而兽噬之祸自至。（此处宜深思。）吾于典午之世，有深痛焉。推本穷源，伯道之余习使然也。抚今思昔，使袁氏能以正治国，则民国开基便稳，何至倭寇乘我于今日耶？

战国时，楚之文化已甚高。老庄屈平，或出于其宗支，或产于其领土，皆道家也。社会主义者许行，孟子称其南蛮鴃舌，亦楚人也。楚自熊绎开疆，虽承周王之化，其后则已杂伯术，而不纯为礼治之国焉。特礼意未尽泯耳。道家之下流，可杂权术。楚之变周，有以也。秦起西都，并六国，而高帝卒以故楚遗民，起而代秦。汉之治，犹楚之遗绪也，非独杂秦俗而已。汉犹继楚也，何必一姓而后为继乎？

汉世思想界虽凝滞，然民族力量雄厚。高帝、萧何豁达开基。惠帝仁厚，文景恭俭，一意休养民力。及武帝，雄才大略，延揽天下英俊。自经儒将才良吏、谏士、文学技术之良，博采旁罗，无不毕集。河工，亲身历视，与文学咏歌，忘其劳苦。用人勤政如此，故能大振武功。北开沙漠，除累世之患。西通西域，今中亚细亚，及印度诸国，多来臣属，而大秦亦几至焉。东北，有今东三省及朝鲜地。西南，抚有交阯。日月照临，无思不服。皇矣大哉。中国声威之远，自三代下，未有盛于此时者也。夫愚儒之众，不兴神武之君；衰敝之卒，莫出英威之将。武帝伟大之人物，实自当时社会产生。岂是从天而至乎？吾于是知汉时社会的品质极其优厚。（**品者，品格。质者，性质。**）若是卑劣的社会，如何能生出这等英杰来？

卫青、霍去病诸人，气度雄远，故能成就伟业。《淮南王安传》，称其问汉大将军（卫青）于伍被曰，"公以为大将军何如人也？""被曰：'臣所善者黄义，从大将军击匈奴，言大将军遇士大夫以礼，于士卒有恩，众皆乐为用。骑士下山如飞，材力绝人如此……及谒者曹梁使长安来，言大将军号令明，当敌勇，常为士卒先；须士卒休，乃舍；穿井得水，乃敢饮；军罢，士卒已逾河，乃渡。皇太后所赐金钱，尽以赏赐。虽古名将弗过也。'"霍去病为人少言，不泄，有气敢往。武帝欲为治第，令视之。对曰：匈奴不靖，无以家为也。盖匈奴诸部，自三代以来，尝侵暴百姓。汉初，尝围高帝于白登，又致书嫚辱吕后。文景欲休息民力，不轻用兵。及武帝，始张挞伐。卫、霍皆志在为民除患，故成非常之功云。（《汉书·卫霍传》，几皆嘲语，将英雄志事，一概埋没。班氏识量太浅故也。）

文帝玄默恭俭。三代而下，以学者陟帝位，文帝称首焉。帝本治老子哲学，而参用法家之术。匈奴侵肆，吴王不臣，皆静以镇之。不轻启兵戎，而汲汲修明政治，百司循规，各举其职。海内日渐富庶。不期与寇竞，而寇亦自不能我害焉。景帝贤明，无改父道。国家元气深厚，文景二帝含育之效也。武帝兴，始资之以扩张，非偶然也夫。

恭俭者，德之基，治之本也。奢侈盛，而盗窃萌，货贿行。百姓死于剥削，万事败于冥冥。内既鱼烂，而外患有不至乎？虚文日张，外饰日侈。轻意肆志，以天下莫予侮也，百姓为可欺也。曾不知凶猘日同于其旁，祸至而莫御焉。昔"子路问君子。子曰：'修己以敬。'曰：'如斯而已乎？'曰：'修己以安人。'曰：'如斯而已乎？'曰：'修己以安百姓。修己以安百姓，尧舜其犹病诸？'"甚哉，敬之难言也。敬者，此心之良知良能，恒时为主于中。（恒时二字，注意。）邪欲不得干，怠慢不得起，一切虚伪苟便之私，不得而入焉。以此修己，而一旦居位，则其用人行政，犹有自私自便而害人者乎，犹有自私自便而害百姓者乎？故吾儒治己治人之道，恭敬而已矣。《论语》言道国之要，节用居一焉。老氏有三宝，俭居一焉。孟子曰，"俭者不夺人"。可罢之务，无益民生之费；撙节一分，即为人民宽一分力，又可为人民多兴一分利。公家之务，必持以俭，而后百事修举。否则侈心一萌，手段挥霍已惯，而假公肥私，盗心炽焉。所盗者，皆人民膏血也。思之抑何忍乎？文帝平生恭俭，自是三代哲王以后所仅见者，可为万世法也。

汲黯戆直立朝。武帝不冠不敢见。尝面斥武帝内多欲而外施仁义。帝亦优礼之。其以直道为朝廷矜式，所关不亦重乎？

武帝雄才大略，虽置丞相，而恒用顺承意志者为之。公孙弘得志，以此也。然武帝虽独裁，而有二善焉，可以无患。一能受直言尽谏。汲黯力攻其短，无所避讳。武帝能优容之。二屡举贤良文学之士，以共谋议。《严助传》云："是时征伐四夷，开置边郡，军旅数发，内改制度，朝廷多事，屡举贤良文学之士。公孙弘起徒步，数年至丞相，开东合，延贤人与谋议。朝觐奏事，因言国家便宜。上令助等与大臣辩论，中外相应以义理之文。（颜师古注：*中谓天子之宾客，若严助之辈也。外谓公卿大夫也。*）大臣数诎。（*师古注：谓计议不如助等，每诎服也。*）"是时武帝年未二十，即位不久，便广延郡国贤良文学为宾客，共谋议国事，临朝与大臣辩论。帝乃集思广益，而后断之于己，施之行事。此其所以能独裁，而不至暗于天下得失利病之故也。又公孙弘虽以曲佞见讥当世，然其为人，守俭约，能含容。当时材能之士甚多。方方面面，各尽其用。弘未尝有所排忌。辕固生教弘曰："公孙子但正学以言，毋曲学以阿世。"弘未尝以为忤也。若东京以后人，便无此量。武帝用弘为丞相，含蓄众流，弼助天工，亦可谓知人善任矣。

张骞冒险而动远略，班超亦然，皆千载英杰也。然是时，商旅远出，逾葱岭，越绝塞，贸易通于殊方异俗之国。中朝使臣与军队所至，要皆商旅为之前导也。（当时商业情形，史皆不详,其识太陋。)

汉时社会,私人讲学之风最盛。诸经师门下,尝数百或千余人。此等材料,宜搜考列传,而汇述之。

汉代用兵西北,所向克捷。当时交通及马政,必有可观。惜史籍不详。

汉时社会,任侠尚武。史公《游侠传》犹存其概。班固讥之,陋又甚矣。

桑弘羊祖管商之术,兴榷管之利。所以安边境,制四夷,成国家大业。功不当在卫霍下。伐功怨望,自取诛灭。其人格固无足称。朝廷待之,亦稍薄也。桓宽论盐铁,以弘羊为博物通达之士,可谓允矣。财政军事,相关密切。弘羊之略,宜加考焉。

汉廷儒臣,大抵乐守常而厌远略者多。故于将帅及计臣,每不喜之。然尚无结党横阻,相率去位,以败挠大计,如北宋诸儒臣之反对新法者。(然尚无至此为句。)武帝卫霍弘羊之成功,赖有此耳。汉人气量毕竟广远。但东京以后,此风浸息。世运升降之故,亦难知也。

卜式毁家输边,意量远矣。史家不赞边功,隐存轻视。义士爱国之善举,无所称扬,何以劝后之民乎?

新莽之篡帝位也,今人谓莽以经儒怀抱政治主张,故欲代汉以行其政策，虽陟位未久，主张失败，然其理想与志愿，亦足以大暴于天下后世，不可与曹操、司马懿之徒并论也。此说恐未尽然。政治主张是一事，其人是否为私人权利，而缘饰经术以自文，则又一事也。莽未得势时，淳于长方以外亲遇宠，常代王根辅政。莽心害长宠，因诬陷之于王根。根信之，命白太后。长由是得罪。莽遂代根为大司马。长本佞幸，不足道。而莽之所以自进者，亦太卑劣矣。莽为人阴险，务以诈伪牢笼士大夫。莽篡位前，天下上书颂莽功德者，动以数万计。岂皆赞同其主张者哉？得毋与袁世凯之筹安会及乞丐请愿团等相类耶？班书称莽既不仁，而有佞邪之材，遭汉中微，王后为之宗主，故得肆其奸慝成篡盗之祸。虽复及身诛灭，而其污风所煽，已开操懿之端矣。

莽既窃位，尽更汉制。莫可注意者，唯禁民买卖田及奴婢二事耳。莽诏曰："古者，设庐井八家，一夫一妇田百亩，什一而税，则国给民富而颂声作。……秦为无道，……坏圣制，废井田，是以兼并起，贪鄙生，强者规田以千数，弱者曾无立锥之居。又置奴婢之市，与牛马同栏，制于民臣，颛断其命。奸虐之人因缘为利，至略卖人妻子，逆天心，悖人伦，谬于'天地之性人为贵'之义。……今更名天下田曰'王田'，奴婢曰'私属'，皆不得买卖。其男口不盈八，而田过一井者，分余田予九族邻里乡党。故无田，今当受田者，如制度。敢有非井田圣制，无法惑众者，投诸四裔，以御魑魅。"莽禁不得买卖田及奴婢，不可谓非善政，然莽竟败亡。想其田地分配法，必未得当。后世生齿过繁，欲复古井田制，计口授田。使人皆得力耕而食，无纷扰之患。此事谈何容易哉？历代言井田者众，而卒莫能行。其事诚难，而执政者安于苟且，不求切实办法，则亦不得辞其咎也。余以为莫若仿井田之意，而行限田之法。凡地主有田者，其最多率以若干为限。过此，则严罚不稍贷。既杜兼并之患，而又必广副业之益，严游惰之律。如此，则地利均，人力尽矣。明季，海中介尝令贫民抢夺富人田。华亭相国家之田亦被夺。当时病其严酷。然势家盛行兼并，非贫民相率起而夺之，彼又乌肯让产耶？莽之亡，非井田不可行，必行之未得其宜。又莽好缘饰六经，纷更制度，矜己而自便。诸不利民者多。小人缘为奸利。莽益作伪日拙，矫符命以诬天欺众。虽欲勿亡得乎？然莽之所为，毕竟非操懿之徒所可及。世衰，则为恶者亦愈卑下，是可叹也。

光武以文儒创业。既即大位，其政术亦上师文帝，参老氏之术。匈奴骄恣，驭以宽容。远方贡献，或却而不受。一以抚绥内部为务。自新莽末年，海内寇盗蜂起，皆失业之民也。光武才起数年，即平定天下。虽乘人心思汉之势，然全国失业之众，既成寇盗，未知何以安集。中家亦不详其所以。王船山先生尝论此事，以为光武首征卓茂谨厚之吏，大抵极力整饬吏治，使良吏散布郡县，以恺诚之心，收招流亡，为谋生理。民得安生乐业，而社会固如磐石矣。船山所见甚是。（今日民无死所，而举世莫知吏治之为急。空言训政，不究其实，虽外寇不来，亦何以为国乎？）

汉承秦氏，易列国之局而为郡县。天子与兆民悬绝。所以与民亲接，而悉其患害，相与提挈，以谋福利者，唯在郡县长吏。故昭帝常曰："与我共天下者，其唯良二千石乎。"此深知治本之言也。汉世郡县制度与守令登庸及奖进等法，犹略可考见。修史者，宜详著于篇。

自古代初期，已重工商业。春秋战国之世，商贾百工，尤为发达。工商相因者也。商业盛，则工业进步可知。然吾国自周代开基，其政策已是重农抑工商。周公《七月》之诗，咏歌农事艰难，以明王业之本，而于工商不及焉。又始禁奇技奇器（见《王制》等。盖辑录周公成法，下逮东周，学者思想，犹有以创造机械为戒。如《庄子》"有机事者必有机心"云云），以不贵难得之货，为理民之上策。（如《老子》。）儒家如《易系传》，虽提倡制器尚象，利用宜民，与道家思想相反，然在孟子，则因恶垄断而有重农抑工商之倾向。观其谈生产，皆不外农桑渔畜而已。商鞅以法家治秦，尤以重农贱商为政策。商贱，则工艺不振可知也。汉兴，一秉周秦遗策。诸帝劝农之诏，皆以农为天下之本，屡言之而不厌。又常减租轻徭，以慰安之。设三老孝弟力田等乡官，以督厉之。其所以谋农事发展者，无微不至。独于工商，则特加抑焉。始禁贾人毋得衣锦绣绮縠絺纻，操兵乘骑马。其后又禁毋得为吏。桓宽为汉世政论大家，亦以工商盛而本业荒为可虑。本业，谓农也。昔在上世，特别注重器用创作。故唐虞时，有共工之官，谋工艺改进。周人虽轻工艺，然但禁淫巧而已。至常用必需之具，亦校其工楛，毋令失坏。《周官》《考工》有记，可见其不全忽略也。汉世竟无综核百工艺事之官，忽视工业如此，盖与其抑商政策为一贯的精神。然冶兵器与治宫室者，尚有专官典其事。则其武功所由盛，而建筑术亦有可观也。要之，重农抑工商，不独两汉为然，自汉以后，累代恒以此为传统政策。吾国人有反科学的精神，亦可于此等政策见之。然至清末，则已稍变趣向。现时论政者，犹有乡村建设与发展都市之两大潮流，相持而若不相容。言乡建者，近于重农。言都市发展者，注意提倡工商。实则民生以食为天，工商必资原料。古人以农为本业，实有理由。况神州大陆为天然农业之国，传统的重农政策，亦非出自偶然。但今日世界大通，科学昌明，物质文明日益发达，利用厚生，不能专仰一国之农产。工为制造，商通滞积，大地交通，而工商业的文明遂启焉。此乃自然趋势，非可以一国政策之力，从而遏之也。今后改造乡村，振兴农业，虽仍为不可易之政策，但工商业之提倡，实至急而不容缓。前年有吴君者，发表一文，明发展都市的重要。甚为时人所称许。不悟吾国今日，都市非不曾发展也，只是外人以其工商业来发展于吾之都市，以吸取吾乡村血汗。吾今日急切问题，乃在如何能自振兴工商业，以自力发展都市。吴君似未见及此，而时贤亦若未计虑及此者。是可怪也。

吾国人工商业的天才，自昔有可惊者。如古代陶器等制品，精工古雅，仅存于今者，犹可想见其概。丝织品之美，尤斐然可观也。（丝绸之行于远方，或在汉以前也。）惜奇器之被禁绝者，今不可考见。而墨子作木鸢即飞机之始，犹载故籍。其作法惜不传，必为奇技无疑也。商业在上古之情形，虽不可征，其在汉世，则民俗趋商，殆非法令所可抑绝。《汉书·地理志》所称，秦地富人，商贾为利，周俗之失，喜为商贾。陈人夸奢，上气力，好商贾。鲁俗俭啬，爱财，趋商贾。粤地近海。中原往商贾者，多取富。王符《潜夫论》曰："今举俗，舍本农，趋商贾。牛马车舆，填塞道路。"据此，则政府虽抑之于上，而人民相率趋之于下。其天才之不可遏绝也如此。当时商旅出塞外、适异域者必多。惜史家无识，略而不载也。又当时商贾在国内者，多以铁冶致富。如《货殖传》所载，蜀之卓氏，本赵之迁虏也。程郑，山东迁虏也。宛之孔氏，梁之迁虏也。而皆以铁冶致巨富焉。豪商垄断利权，国与民交困。故桑弘羊、孔仅之徒，始为国家兴榷管之利。而盐铁酒诸厚利，皆专之于国。武帝四出征讨之费，取给于是。桑孔，真吾国历史上有数之理财家也。然其能济军用，而商人不敢反抗者，则以其清廉故耳。班氏薄言利之臣，不为弘羊立传。但略见其事于车千秋等传中。然不言其有贪污淫佚奢侈等事，足征其清白不可诬也。此其成功所由，而为后世所莫能及也。弘羊政策，足抑国内商人垄断。然国外贸易，犹未讲求云。

东京之世，光武明章，敷扬儒学，表章名节。因新莽败坏士大夫廉耻，故提倡名节以振起之。光武优礼隐逸，特征太原周党、会稽严光至京师。当党入见，伏而不谒，自陈愿守所志。赐帛四十匹，罢之。光少与帝同学。帝即位后，物色访之。及至，帝与共寝，以足加帝腹。太史奏客星犯帝座。光卒不受官，去耕钓于富春山中以终。余如太原王霸、北海逢萌，皆隐居养志。霸应征而后归，萌竟拒征不起，时论以为高洁。

明帝亲临辟雍，行大射养老之礼。礼毕，引诸儒升堂，自为演讲。诸儒共执经问难于前。都人皆圜桥门而观听。时皇太子、诸王侯及大臣子弟、功臣子孙，罔不受经。下至军校小卒，悉令通《孝经章句》。匈奴闻之，亦遣子入学，可谓盛矣。章帝宽惠，尊师重学，亲诣鲁，祀孔子于阙里。又诏诸儒，会议于白虎观。帝亲称制临决，因成《白虎通》一书。又令曹褒依汉旧典，撰次自君主至于庶人冠婚吉凶终始制度为书奏之。虽或采及谶记，要以具一代之礼典焉。夫三帝崇儒术，奖名节，孜孜如不及。宜其学风不变，士修节义，彬彬焉成一代之治矣。其后，冲人昏主继世，外戚宦寺乱于前，凶猘大盗恣于后。诸名士始终与之抵触，趋死而不止。后世皆称其节义，以为东京自章帝没世以后，朝政昏乱，而犹得载祀二百，不至速亡者，党锢诸公，以死支柱其间故也。此说然否，兹且不论。然三帝崇奖儒学，躬亲讲习。且自皇太子以下，至于军校小卒，无不读经。儒学之盛如此，胡为三帝垂殁未几，朝廷间竟无守经尊道敦节重义之风？戚宦何故乘权？此岂偶然之事？当时朝廷，如有些子正气存在，何至昏乱如彼。岂儒学不足提倡欤？吾常求其故，而窃叹光武、明帝用心之不诚不正，未足弘敷儒学，而适以自害也。光武鉴于新莽之事，欲以名教束士人，则假儒学为工具，非真有得于儒也。然光武为人，犹有向善意思。明帝察察为能，则虚伪更甚。唯章帝长者，而年又不永。光武、明帝所尊宠之师儒，则无耻之桓荣也。荣拜太子少傅时大会诸生，陈其车马印绶曰，今日所蒙，稽古之力也，可不勉哉。其鄙陋至此。明帝尊荣以师礼。每言，辄曰太师在是。常幸其家，问起居。入街下车，拥经而前，抚荣垂涕，良久乃去。诸侯将军大夫至荣家问疾者，不敢乘车到门，皆拜床下。荣贵显如此。盖善以佞媚结主知故也。夫皇帝崇儒学，而其所崇之师儒乃如此，实乃奖其媚己者。儒云乎哉？垂没而朝政昏乱，宜矣。

东京一代，上继西京，下开六代。此诚世运升降之一大关键也。吾读史至此，常悠然有感，不适于怀。盖六代之污风颓势，直至于今，而未有已也。而开其端者，厥在东京之世。夫东京所以酝酿后之衰因者，何耶？吾求其故，略得数事。一曰，思想界愈益贫困也。西京二百余年，思想虽云凝滞，然承战国之后，诸子百家，流风余韵，犹有存者。至东京之世，上距战国已远，近承西京二百余年固蔽之余习，则思想界不唯凝滞，而直患贫困焉。王充《论衡》虽时有善言，可以发时俗蒙蔽，然实肤杂无统纪，未可以名学术也。史家称其正时俗嫌疑，然未见其有何所持，可以导人于一个新的方向。徒擅杂评，有何足贵？但在东京，则为一代瑰宝。充同郡谢夷吾，上书荐充，至谓前世孟轲、孙卿不能过。袁山松书曰："充所作《论衡》，中土未有传者。蔡邕入吴始得之，恒秘玩以为谈助。其后王朗为会稽太守，又得其书。及还许下，时人称其才进。或曰，不见异人，当得异书。问之，果以《论衡》之益。由是遂见传焉。"《抱朴子》曰："时人嫌蔡邕得异书，或搜求其帐中隐处果得《论衡》，将数卷持去。邕丁宁之曰，唯我与尔共之，勿广也。"夫《论衡》一书，为名士尊重如此，正可见其时思想界之贫困。此为衰微之一大因。凡人知识缺乏，则其活动的力量亦渐衰退。（**思想是行动的工具故**。）故考察一时代之盛衰者，必精核其时代之思想界果何如。此最不容忽者也。二曰，党人尚标榜而逐浮名也。西京诸儒，类有醇固重厚气象。佞曲如公孙弘辈，特少数耳。又多能留心当时的实际问题，故有通经致用之说。如桓次公治《公羊春秋》，而推衍盐铁之议，增广条目，极其论难，著数万言。庶几究治成一乱家之法。其他明经通法律政事，为贤公卿与良吏者，不可胜数。俱详列传。东京之儒，习经术达治体者，虽未至乏绝，然是时儒士习尚所趋，大凑于结党标榜，激扬名誉，互相题拂。饰行以惊俗取名者众，而躬行敦重，才堪应世者，殆所罕见。郭林宗之徒，浮誉过情，昔人已有弹之者。陈仲弓号为重厚，实乃工揣测，藏拙养望，全身远害，乡原之雄也。父子皆有高名于世，亦可羞已。其他名浮于实者，兹不俱举。虽孔北海之高志直情，而犹以才疏意广，迄无成功，见讥当世，况其余乎。夫名者，实之宾也。士人若竞浮名，则其内部生活空虚而无实。以此成风，世运焉得不衰？是其所关至大，不可忽也。（晚世西洋人长处，只是务实。而谈西化者，却不留意及此。）三曰，朝野习俗，奢淫贪污也。王符《潜夫论》曰："今京师贵戚，衣服饮食，车舆庐第，奢过王制，固亦甚矣。且其徒御仆妾，皆服文组彩牒（牒，叠布也），锦绣绮纨。葛子升越（葛子，布也，出南越），筒中女布，犀象珠玉，琥珀玳瑁，石山隐饰，金银错镂，穷极丽美，转相夸咤。一飨所费，破终身之业。"（谓贵富者一食所费，足破中产之家也。）豪贵淫侈如此，民众尤而效之。《潜夫论》云："今人奢衣服，侈饮食，事口舌而习调欺，或以谋奸合任为业（合任者，合为任侠，犹今结党为劫盗也），或以游博持掩为事（持掩，谓意图得钱，如今赌博等事）。妇人不修中馈，休其虫织。"据此，可见民间风习敝坏。又当时丧葬侈伪。《明帝纪》云：丧贵致哀，礼存宁俭。今百姓送终之制，竞为奢靡。生者无担石之储，而财力尽于坟土；伏腊无糟糠，而牲牢兼于一奠。靡破积世之业，以供终朝之费。子孙饥寒绝命于此，岂祖考之意哉？丧事如斯奢靡，民德之薄可知。夫豪贵淫侈，非剥削百姓，耗敝国家，则其珍藏从何处得来？《左雄传》称当时吏治之坏云："下饰其诈，上肆其残。典城百里，转动无常，各怀一切，莫虑长久。（今长等皆由朝廷权贵私授，以敲剥为务。其选用不遵宪度故常更易。）谓杀害不辜为威风，聚敛整辨为贤能……髡钳之戮，生于睚眦；覆尸之祸，成于喜怒。视民如寇雠，税之如豺虎。"（此段话，今人宜省。）《黄琼传》云，外戚秉权，"竖宦充朝，重封累职，倾动朝廷，卿校牧守之选，皆出其门，羽毛齿革、明珠南金之宝，殷满其室，富拟王府，势回天地"。其赃污贪冒，若此之极也。又当时将领贪污，亦成积习。《西羌传》云，诸将多断盗牢禀，私自润入。皆以珍宝货赂左右。上下放纵，不恤军士。士卒不得其死者，白骨相望于野。将帅贪渎如此，由朝廷戚宦开其端故耳。在位者以淫佚奢侈而肆行贪赃，民众则以奢靡而结聚为攻盗。（见前引《潜夫论》文。）俗尚如此，不亡何待？故东京季世，盗贼蜂起。天下群牧，各乘机会，拥盗兵而图不轨，互相惨杀。百姓死亡略尽。士女凌辱，更无待论。虽帝女，亦不免于董卓凶獝之逼焉。范史致慨于天地不仁，诚可痛也。夫奢淫贪污之风，从来圣哲，皆所痛戒。东京种此恶因，不唯祸流当代，而延及魏晋，遂致五胡惨变。其后如唐，如宋，如明，末世衰亡，又无一不由于此。历史事实，昭昭可按。惟奢与贪，习之自上，能令百姓死于剥削，万事败于冥冥。破损国家，摧伤种类，莫此为甚。哀哉生人，自有恒性，胡忍作恶自贼，如斯其甚耶。吾少读《孟子》，见其讳言利，而不知其心之所以痛也。少长，读王船山先生《通鉴论》，又见其悯衰世之人，没于权利而不顾族姓之危亡也。其文辞，直是字字随泪俱出，而窃病其感伤太过也。今忽焉老至，涉历弥多。读书论世，全凭一副真心，自尔见理分明，感事真切，然后知孟王诸子所为如彼者，实有所不容已者存也。今古学人，辜负大悲心事，可胜痛哉。综上三因，第一、第二，属于学风士习之敝，半由于大一统之局既成，思想界以无所与竞，而不能不腐；半由于三帝表章名节，天下感发而怀贞徇义者固多。其存矜尚之意，标榜以盗虚声者，亦自是始焉。第三曰奢靡贪污，则从安帝以后，罕有令主。外戚宦竖，迭窃主权，遂成国败宫邪，神州鱼烂之局。此中第三，若得继世有贤君相，转移风会，即可转危为安。古今本无不可转移之风会，然而继汉者为曹氏、司马氏，肆卑其险，竞长颓风，则吾民族国家，欲无衰败焉，而何可得耶？

东汉之乱，由于外戚宦竖。近有某君，教于上庠，以为光武不鉴新室之变，疏于立法。《孝明帝纪》云："帝遵奉建武制度，无敢违者。后宫之家，不得封侯与政。"据此，则光武鉴王莽移鼎之祸，明立法度，以防外戚。某君所云，殆未深考。夫明主开基，莫不定家法朝章，以垂后嗣。然继体昏庸，奸邪得志，则祖宗法度横遭毁弃，无可如何。但光武亦有立法不善之处。即鉴于王莽以执政篡位，遂削夺相权，欲使大柄一操之君上。卒至庸主不能自持其柄，外戚宦寺窃之。其势浸成，则三公退听，无可与抗。此又光武立法不慎所致也。仲长统《法诫篇》曰："《周礼》六典，冢宰贰王而理天下。春秋之时，诸侯明德者，皆一卿为政。爰及战国，亦皆然也。秦兼天下，则置丞相，而贰之以御史大夫。自高帝逮于孝成，因而不改，多终其身。汉之隆盛，是唯在焉。夫任一人则政专，任数人则相倚。政专则和谐，相倚则违戾。和谐则太平之所兴也，违戾则荒乱之所起也。光武皇帝愠数世之失权（数世，谓元成哀平四帝也），忿强臣之窃命（强臣谓王莽），矫枉过直，政不任下，虽置三公，事归台阁（台阁，谓尚书也）。自此以来，三公之职，备员而已；然政有不理，犹加谴责。（如遇灾异，则三公降免也。）而权移外戚之家，宠被近习之竖，亲其党类，用其私人，内充京师，外布列郡，颠倒贤愚，贸易选举，疲驽守境，贪残牧民，挠扰百姓，忿怒四夷，招致乖叛，乱离斯瘼。怨气并作，阴阳失和，……此皆戚宦之臣所致然也。……又中世之选三公也，务于清悫谨慎，循常习故者。

是妇女之检柙，乡曲之常人耳，恶足以居斯位耶？势既如彼，选又如此，而欲望三公勋立于国家，绩加于生民，不亦远乎？昔文帝之于邓通，可谓至爱，而犹展申徒嘉之志。（邓通，文帝幸臣也。居上傍，戏慢，丞相申徒嘉奏事见之。罢朝，召通责之曰：通小臣，戏殿上，大不敬，当斩。通领首，出血。文帝使人召通。谢丞相曰：此吾弄臣。君其释之。）夫见任如此，则何患于左右小臣哉？……光武夺三公之重，至今而加甚……未若置丞相自总之。若委三公，则宜分任责成。"仲氏之论，深达治体。夫行政之权，或专于君上，或专于宰相，有统一指挥之效。如身使臂，臂使指，则可以为治。若分任三公，便有指挥不能统一之嫌，莫若总之丞相为得。至于不置丞相，而三公又为虚设，竟使国之大柄旁落戚宦。斯真大乱之道也。又明帝虽号崇儒，而遇士大夫实无礼。据《左雄传》，顺帝时，"大司农刘据以职事被谴，召诣尚书，传呼促步，又加以捶扑。雄上言：'九卿位亚三公，班在大臣，行有佩玉之节，动有庠序之仪。孝明皇帝始有扑罚，皆非古典'"云云。夫大臣受摧辱如此。戚宦得轻视朝廷，而擅威福，亦何足怪。光武明章三世，皆君主独裁，政权未至旁落。然既不置相，又不任三公，又摧辱九卿，则继世之主，如非其才，欲政权无旁落戚宦，何可得也？又今委员制，亦有仲长统所谓相倚之失。

但事实上仍必总其权于委员长或主席焉。仲氏之论，至今无以易也。

西汉初，匈奴甚强。不奉中朝正朔，又屡侵苦内地民众。自经武帝讨平之后，匈奴始为臣属，边境安宁。及新室，犹袭前威，匈奴受策命焉。至东汉时，匈奴又渐衰。南北单于互相攻伐，皆求内属。朝廷以南单于犹忠顺，居其众内地，资给优厚。西域诸国，自武帝时，已内属。及至东汉，班超经略西域，前后三十一年，恩威并著。尝遣掾甘英西使大秦（**今欧洲东南境，古罗马帝国**），抵条支（**今波斯西南**），临大海（**波斯湾**），英欲径渡。因闻船人言，恐风阻粮绝，乃还。班超、甘英，可谓能勤远略者也。东汉时，中朝权威犹盛。但内地羌人叛扰，兵连祸结。良由朝政不纲，吏治败坏，军纪不修，故至此耳。

前代史书，国以君为主体。故于塞外诸国，虽为立传，而辄曰夷狄。今后修国史，自以本家为主体。则叙述从前塞外诸国事迹，自当视为一国以内之事。如春秋战国时，各国的文野盛败，与其对于王朝的或叛或服，都据实叙述。但均视为诸夏，且视为共隶于统一的王朝之下，毕竟不是异国异族也。今之国史，其叙述从前塞外诸国，亦应采此态度。不当以外患、外夷等等字眼，标立题目。唯引用古史事实时，如胡俗及戎胡之性等等词语,无法避免者,仍从实录。若可减省处,亦不妨减省。吾国塞外先民,武力虽多可称,而文化确实落后。未免胡俗,自是实情。社会开化有迟早,此不足为吾塞外先民病也。《春秋》诸传,对于吴楚,亦以野悍蛮俗嗤之。当时吴楚文化确后于中原诸国。史家纪述其习性,自当据实,不能谓其有何偏见也。至所以当视为一国者,则亦事实如此,不容歧外。朔北重鬻、猃狁,自上古以来,常服属中朝。匈奴,则两汉时皆称臣内属。虽亦时有叛变,要不能以此之故,而视为异国。内地又岂少叛变者乎?西北方面,则自上世庸成之代,领地已逾葱岭。黄帝尧舜大禹数代,声教广远,万国咸服。至两汉时,西域五十余国(包括今中亚细亚、印度等地域),皆来内属。盛唐之世亦然。西藏、青海及甘新诸省塞外悬远之地,历史上夙为吾国领土。《汉史》所谓五十余国,《唐书》所谓突厥、回纥、吐蕃等等者,无一不受中朝封爵。中朝又置都护以监临之。虽有时叛变,则因中朝政教凌夷所致,要不可以固有的领土,视为外国也。东北方面,则九夷在夏朝时已输诚内向。春秋时,孔子且欲往居之。汉时乌桓,亦曾受朝命。虽叛服不常,要是边民动扰之性,不能视为外国。至如朝鲜、安南、缅甸、暹罗等等,向为藩属,亲昵逾恒。若存歧外,亦复无义。是知依据事实,国史之体,于叙述从前塞外诸国,当准春秋战国时所有各国之例，不当以外患、外夷一类字眼，标立题目。此乃事实本然，非立意造作而然也。（史家用字造句，宜知体要，不可胡乱下笔。前见一相识云，新闻记者每不晓事。尝见其记藏事。文中以中藏相并成词。不知藏之在国内，犹蜀与鄂之在国内也，可曰中蜀中鄂乎？此说甚是。史家亦宜知此意。）抑吾尤有一说。从前塞外诸国，虽旧史有传，大抵记载兵戎之事为多。此外无甚可述。余以为今后国史，只于诸国起灭大概及其内属情事，甄述明白，其人有贤善可嘉者，应予称扬。（如不好侵略，又能和其部众之类。）至其兵戎之事，可极端省略。近人笑廿四史为相斫书，未为谑虐。今日学术，门类甚多。所必需的知识，亦深苦求之不及。若以相斫书，耗人目力精力，甚不合算。且此等事迹，亦不能使人有美感。不如极端从略为是。人类总以去褊狭、趋和同为进化美事。故凡塞外之乐于内向，能去其侵暴之俗，服中原礼乐之化，而扩大团结性者，是国史所应加详。说至此，又触及一问题。吾乡有冯生者，自新疆还。谓新省教育当局及各学校教师，并苦本国历史无有适当课本。余叹曰：今人治史学者，却喜在零碎事件上去搜求，又或狂乱去推翻史据，却莫肯在大体上着想，莫有在急切的问题上注意，不思量什么是史学的意义和价值。边省的人，受国外的刺激多，所以感觉到激发民族意识，是在历史学。其实历史课本，边省更无别样。只要将古代圣王以来，一切伦理、教化、制度、文物与各时代演变的大概，及历代模范人物，一一好好发挥出来，使边省青年，少而习之，知道本国文化之所由成，并知道国家的统一日趋巩固，又知道中华民族由一本而分支，又由分支而合归一本，团结性日益扩大，加增其共同生活的兴趣，如此便得了。

回族之先，在汉时居西域，与藏族（即西羌）互相交错。当时亦受匈奴侵逼。武帝以后，西域诸国恒依赖中朝，以脱匈奴羁轭云。

东汉时，吾民族已伏衰象。此中有一最大之原因，前未说及。其原因维何，即早婚之俗是也。古代男子三十而娶，女子二十五而嫁，足征其于生理极有研究。古人婚嫁以时，其体气决甚健壮。如《礼记》所称，三十曰壮；四十曰强，而仕；五十服官政；乃至七十、八十，犹杖于朝，杖于国焉。据此，则自五十之年始，正是为国家担重任耐繁剧之时，人生五十，精力完足，经验宏富，神智明利，故任政为宜。七十、八十，杖朝杖国，则是国有大政，犹备咨询，非以虚文相酬也。可见古人年寿长远，精气始终充盛。所以文化发达，国力雄厚。及至汉代，便有早婚之俗。西京宣帝时，王吉上书有曰"世俗嫁娶太早，未知为人父母之道而有子，是以教化不明，而民多天"。此等污风，大约至东汉时代又加甚。如《魏志·陈群传》云："鲁国孔融，才高倨傲，年在群纪之间。先与纪友，后与群交。更为纪（群之父也）。拜，由是显名。"孔融年在群纪之间，大约其年与纪犹同行辈，而长于群者亦无几。由此可见纪生群甚早。父子间的年龄，相差不甚远，其早婚可知。夫纪，陈太丘子也。父子并名高天下，而早婚不知戒也，则其时社会风习可知。自汉以后，早婚习为故常，人皆体气衰薄。人民智德力等方面，日就衰退。凡人体气盛，则精神易以向上，而智德力俱进矣。体气衰，则精神不堪振刷，常易下坠，而智德力无可言矣。或难曰：公之哲学，非唯心耶，胡为反成唯物？答曰：吾言唯心，非谓唯独有心也。心以对物得名。如其无物，心又何存焉？心物本非异体，而势用有别。但心力胜故，说之以唯。然心非离物别有，即待物而显发。故体气盛，则显发其心力益强。反之则否。此自然之验也。若云以心力主宰乎体气，如心愈用，则精神愈出；病人体废，能以心力自振。此就人生修养上说。别为一义，非此中所欲论。总之，早婚不戒，则民族衰危，无可挽救。吾深有感乎此，故郑重言之。东汉以后文人，大抵颓废的意思多。年三十许，便伤老大。学业亦难深造。闻人言，今日军政界人，盛年失职后，自身都没改进，反更窳败。学人三十后，也是一日不如一日。官吏都纳宠好贿，一切向堕落处行。吾见清季许多志士，后来都做得不堪。世运何故如此衰？余以为救衰之道，强其体为最要。强体之道不一，而戒早婚为最要。汉以来恶俗，必须痛绝。

两汉时，社会上贫富不均。富豪兼并土地。贫民遇饥饿，常自卖为人奴婢。官府亦有收买者。《贡禹传》称，官奴婢十余万，游戏无事。税良民以给之，宜免为庶人，云云。不知官府何故有奴婢如此之众，或其初为救济贫民而收买之欤？民间富豪畜奴婢者，则不可胜数。如卓王孙僮客八百人，王商家奴乃至千人。家富畜奴婢之多，即此可见一斑。西汉时，董仲舒说武帝，宜去奴婢，除专杀之威。是当时富者可专杀奴婢也。新室亦诏废奴婢。及东汉光武帝降诏曰，敢炙灼奴婢，论如律。以后诸帝，亦时申禁令。可见当时社会上贫富悬绝之情形。至如富家兼并土地，新室诏令，言之痛切。而朝士论著，亦多注重及此。如仲公理《昌言》云："井田之变，豪人货殖，馆舍布于州郡，田亩连于方国。身无半通青纶之命，而窃三辰龙章之服；不为编户一伍之长，而有千室名邑之役；荣乐过于封君，势力侔于守令。财赂自营，犯法不坐，刺客死士为之投命。致使弱力少智之子，被穿帷败，寄死不敛，冤枉穷困，不敢自理。虽亦由纲禁疏阔，盖分田无限使之然也。今欲张太平之纪纲，立至化之基趾，齐民财之丰寡，正风俗之奢俭,非井田实莫由也。"①公理之论,具见根柢。惜当时朝野,于此一大问题,不求根本解决。然汉氏主政四百余年,民心思戴者,则亦有故。两汉贤主,始终能留心多数贫民之利益,未尝偏与豪富阶级妥协,则为明显的事实。抑商政策之用意,本在直接防止豪商垄断财货之行为,间接杜绝兼并土地之弊害。虽未必有极大效果,或亦不无相当影响。至于解放奴婢,累朝诏令督促,未尝松懈。若果空文敷衍,如后世所为者,焉得开四百余年盛治之局? 古今有以欺骗成功者乎?

又其吏治修明,常以锄治豪强为事。(豪强,犹今云土劣。)如义纵为河内都尉,族灭其豪穰氏之属,河内道不拾遗。赵广汉迁颍川太守。郡大姓原禧,宗族横恣,宾客犯为盗贼。广汉除其首恶,郡中震栗。及至东汉,阳平大姓有赵纲,北海大姓有公孙丹,河东大姓有马适匡。凡此,皆在地方胁众揽权,鱼肉贫贱。而均为董宣、樊晔、李章等所诛。此特略征数事,实则两汉守令,无不惩戒豪强者。民心思汉,岂幸致乎? 唯西汉武帝用桑弘羊兴榷管之利,为豫绝兼并绝好办法。至始元中,征贤良文学,问以治乱。皆对愿罢郡国盐铁酒榷均输,毋与天下争利。此等贤良文学,皆代表豪富阶级的利益者

---

① 引文见《后汉书·仲长统传》所录《损益篇》。

也。当时相诘难甚烈，而桓次公称，桑大夫据当世，合时变，上权利之略。虽非正法，巨儒宿学不能自解云。要之两汉对于解决贫富问题，非不留心，但其抑商政策，则迂拙而无甚效。吏治又不可常恃。如东汉中衰，戚宦窃柄，则吏治坏而寇盗始起矣。弘羊政策，后亦莫能继行。公理提出土地问题，确是根本。若当时能本井田之意，而行限田之法，则民生悠遂，或不至寇盗蜂起，浸淫以酿五胡之祸。历观世变，岂天数耶，亦人谋不臧耳。

吾平生不满东汉党人，以其纯盗虚声故也。东京一代，真能留意民生问题，而慨乎其言，发于忠诚者，当以仲公理为最。王节信指计时短，讨谪物情，亦一代之良也。王仲任博通，肯用思，知识远过节信，视公理亦较广。三子者，所学不必同。其能不梏于时俗，则一也。范书以三君同传，可谓知类。然论赞极加贬谪，谓皆管视好偏，亦稍过矣。党锢诸巨公，于当时社会政治诸大问题，似毫无所究。只欲与朝廷戚宦抵触，投身饲虎，而无捕虎之胆与略。立君大事，李固在庙堂会议时，若面折梁冀，力数其罪，则朝臣或不至皆曰唯大将军令是听也。临之以严气正色，责之以大义，示之以王莽殷鉴，冀凶凶之气，当亦自屈矣。纵或不胜，固死于此时，较之委曲求全不得而死者，不犹愈乎？固不此之图，乃退在私室，一再为书劝冀。明知与虎谋皮，为不可得，而犹如是委曲者，此何为乎？固之贤，其才略、气概不过若是。自余诸公，皆可不论。夫吾国之党人，本非今西洋所谓政党，乃名士集团也，官僚集团也。凡人一为名士，便无足观。东汉党人，本无政见可言，无政策可言，无经纶大计条目可言。即随时济变，又无胆略。其空虚脆弱如是，犹幸不得已时，能尽一死字。范书于党人称扬太过，后人遂为所误，而不知以名士浮虚为戒。吾尝谓范书，党史也。

名士之称，始见《后汉书》。西京以前，士大夫敦实行，求实学，作实事。矜小慧饰伪行以盗名者，绝少见焉。有之，则为社会所鄙夷者也。自东京而始有所谓名士。吾尝谓东京以后，吾国只是两个东西始终合流，曰名士，曰奸雄。名士者，无心肝无知识。其全副精神，整个向外追逐，纯是浮虚夸巧，盗窃不惭，既无立本之学，又无实用之学。以其小漂亮，弄些应付朝廷与下面社会的伎俩。此在魏晋时，即是诗哪、四六文哪、清谈玄妙哪。（其实无关于玄学。）在唐宋明，则诗哪、古文哪，甚至理学哪。（宋世理学家末流，只是空疏迂固，尚少近名者。至明季理学末流，则皆浮薄伪妄之名士矣。）在清世，于古文外，或剽窃一点考据。章实斋诋为势家豪奴者是也。在今日，则哲学、科学、西洋文学，根本不曾费工夫，只剽窃一些概论与大纲的知识，及时代流行的新名词、新论调。犹古之诗与四六文、古文辞、汉学、理学等等也。此等人内无以立己，外无可应用。专以叫响于社会，惊动于朝廷公卿，为其能事。天下后世之名归焉。然无心肝，无学识，无操持，坏世道人心，使人类都成为鸟兽不如的东西。其影响甚大，真可痛也。奸雄者，合妾妇、流氓、强盗、凶獝而为一身。其无量本领，总可包括于阴、险、卑、贱四字之中。其劫持天下，牢笼万物，不外以威劫利诱等毒辣方术。常利用人类之劣根性，而或逼之以威，诱之以利，使天下之人，皆夺其志，销其骨，丧其气，遏其知。其手段恒不惜出之以奇险奇恶，至卑至贱。卒致社会混浊，国家昏乱，黑白不分，是非不辨。极至利害亦不复计。孟子所谓安其危，利其灾，乐其所以亡者。古今乱亡之世，未有不如是也。王船山先生曰："国家将亡，必有妖孽。"非草木鸟兽之妖也，亡国之人，皆妖孽也。观于魏晋操懿诸奸雄，与其时文学及玄言诸名士，而知五胡之祸，非无故也。操懿皆东京季世之人物，名士亦始于东京，此可以觇世变也。魏晋名士卑劣之状，此不及详，俟将来汇集之。奸雄之局，至袁世凯而告终。名士之风，恐犹未已。

经儒足以致用，若卢植者，可谓贤矣。性刚毅，有大节，规窦武之书，义正词严。虽不见听，浩气存焉，黄巾贼起，植以文儒率师征讨。连战破贼，斩获万余。贼帅张角，退保广宗。植修守具，垂当拔之，而功败于昏愚之主。其后皇甫嵩讨平黄巾，盛称植行师方略。实资其规谋，用济成功，何进谋召董卓。植知卓凶悍，必生后患，固止之，进不从。及卓讥废立，公卿无敢言，植独抗议不同。履虎尾而不虞其咥，强哉矫也。夫卓，凶猾也。置之边隅，但为一方之害。天下有道，折棰取之可也。召赴京师，崇其名号，长其羽翼，则狂兽逞虐，何所不至。卓之纵毒，无复人理，乃五胡之先导也。寇祸古今所常有，但其绝无人理，则未有如董卓辈及五胡所为者。（五胡中亦有好人。如姚弋仲，心存晋朝，以乱华为戒。苻坚不嗜杀，能修政安民。此中，且从多数言之耳。）君子于此忧世变焉。卢公能识董卓于机先，非素以经义濯其心者，能前识如是哉？

张平子，精思天文、历算。尝造候风地动仪，可验地震。即震在远处，亦可测知其所在。范氏称其范围两仪，天地无所蕴其灵；运情机物，有生不能参其知。平子发明的天才，诚足惊人。然亦可见当时天算学之进步。平子著有《灵宪》《算罔论》，盖网络天地而算之，因名焉。惜后人无继续精究者。范书称平子虽才高于世，而无骄尚之情，常从容淡静，不好交接俗人。古代大科学家的风度，后生宜取法也。平子亦好玄学，服膺杨子云《太玄》。谓其妙极道数，与五经相拟，使人难论阴阳之事云。

东京末叶，已尚玄虚。如周勰，隐居窜身，慕老聃清净。杜绝人事，巷生荆棘，十有余岁。法真，好学而无常家，博通免内外图典，性恬静寡欲，不交人间事。同郡田羽称其蹈老氏之高纵。戴良，母卒。兄伯鸾居庐啜粥，非礼不行。良独食肉饮酒，哀至乃哭，而二人俱有毁容。或问良曰：子之居丧，礼乎？良曰：然。礼所以制情佚也。情苟不佚，何礼之论？夫良旨不甘，故致毁容之实。若味不存口，食之可也。良才既高达，而论议尚奇，多骇流俗。同郡谢季孝问曰：子自视天下，孰可为比？良曰：我若仲尼长东鲁，大禹出西羌，独步天下，谁与为偶？矫慎，少学黄老，隐遁山谷，因穴为室。仰慕松乔导引之术，与马融、苏章，乡里并时。融以才博显名，章以廉直为称，然皆推先于慎。台佟，隐武安山，凿穴而居，采药自给。曰，幸得保终性命，存神养和。汉阴老父者，不知何许人也。桓帝延熹中，幸竟陵，过云梦，临沔水，百姓莫不观者。有老父，独耕不辍。尚书郎张温异之，下道百步，自与言。老父曰：请问天下乱而立天子耶，理而立天子耶？立天子以父天下耶，役天下以奉天子耶？昔圣王宰世，茅茨采椽，而万人以宁。今子之君，劳人自纵，逸游无忌。吾为子羞之。子何忍欲人观之乎？温大惭，问其姓名。不告而去。凡上所述，皆虚玄之士。盖自光武、明帝，外奖儒学而扬名教，内喜善柔而宠桓荣之徒。党人又务竞名，以空言忤权要，实无济世之具。天下聪明博识之士，不乐检束，又深嫉时俗虚伪，故趋尚玄虚，遗世无所惜。周䴵、法真、矫慎、台佟诸君，皆内养醇至，克全素尚。汉阴老父，迹弥晦而道弥高。推其所持，盖亦无政府主义者，战国许行之徒也。惟戴良放纵礼法之外，自况以大禹仲尼，矜妄不惭。魏晋间人，实祖其风。履霜而坚冰至，君子于是忧世变也。又《臧洪传》，称洪领青州刺史。前刺史焦和，好立虚誉，能清谈。是魏晋清谈之风，亦自东汉始。

第二期 三国迄六朝

中古第二期，起三国，讫隋，所谓六朝时代也。此是古今运会变迁，最大关键所在。吾民族悲惨之境，亦自此开端。

盖自司马氏群彘肇乱（群彘，谓八王也。昏贱如彘，故云），遂令五胡乘虚狂动，扰害中原。吾尝披览载籍，考见其时百姓遭受屠戮、劫掠、逼辱，种种不可名状之惨，心悸目眩，不忍措思，以谓宇宙何故为一大修罗场（修罗，魔也。言宇宙何故为众魔之场所也），众生何故甘作罪恶？哀哉人类，生生者未有已也，其将终古大惑不解耶？吾于是究心天人之故，而渐怡神于释迦氏之书焉。此可以知吾当日读史，心情感动为何如矣。五胡之局，归结于拓跋魏。因与江南皇朝对峙，而称南北朝焉。其时北方久沦胡俗，范祖禹等叙录《魏书》云："戎狄乱华。先王之泽，扫地以尽。"又云："刑法峻急，故人相残杀；不贵礼义，故士无风节；货赂大行，故俗尚倾夺。"社会上残杀倾夺之风既盛，父子兄弟之爱且不可保，况其他乎？孝文虽力矫胡俗，崇尚夏礼（谓中夏礼俗），然徒袭皮毛。又欲挽久敝之俗于一旦，势不可能。故孝文汉化，只饰虚文于俄顷，乌足以成化道，振颓风哉。北方戎俗既甚，南国亦浸染其风。如刘宋诸子之凶逆，萧梁诸子坐视君父之噬于困兽（侯景之乱，萧绎与骨肉之拥州者相争战，反缓置景，遂酿成惨史），陈氏君臣之荒淫，皆绝无人道可言，其沾被胡俗已深故也。天伦之变，古亦有之，未有如此时之相习为常，而人皆无所动心也。昏淫败度，古亦有之，未有如此时之相习为常，而人皆无一念之警也。故知其染于胡俗也。

第三期　隋文灭陈迄五代

及南北之局，统一于隋文。而唐高祖、太宗父子承其业。贞观之文治武功，为皇汉文景武诸帝以后所仅一见者。但盛业止于太宗一代。而风俗习惯，自六代以来，浸于胡俗者，始终未尽涤也。宫闱不正,太宗尚尔,后更不堪矣。民间俗习亵乱,用夏变夷者,又不知凡几也。夫民德浇漓,则野志易动,变诈滋多,嗜利无耻,攻剽无常。难以道义固结其心。如是之群,枭桀之徒,最易利用之以作乱。唐代藩镇之祸,连绵不绝,辗转推演,以成五季惨局,又如前世五胡故事。至吐蕃、突厥、回纥、契丹等等,累扰中原,又不待论。

三、近古史略说

及皇宋肇兴,太祖以宽柔宁乱,提倡文教。诸大儒崛起,追复晚周儒学,明夏礼以革胡俗,复人性于兽习之余。可谓吾民族复兴之机矣。然宋祖鉴五代之祸,切于防弊,而武事不修;谨于守成,而开扩不足。诸老先生又吸收佛家禅学。正心诚意之功有余,格物致知之功,终嫌其短。虽辨章王伯,而颇近迂谈。孔门由求治兵理财之略,尚非其所敢企。况孔为东周,孟挞齐楚之伟抱,岂彼可得而几乎?宋始厄于辽,继辱于金,终则全覆于元,其所以自立之道未备,虽欲保固神州,而莫由也。

明祖继起,驱元室于塞外,恢复旧壤,庶几振宋人之遗绪。然太祖晚年猜刻已过,永乐惨酷,视太祖又更甚焉,继世复无令主。上视两宋诸帝，皆昏庸相继，又若一辙也。程朱陆王两派学者，其大多数皆空谈心性，不究实用。知识方面，视宋儒又更狭焉。于谦、王阳明、戚继光、熊襄愍、张江陵、袁崇焕，或以勇断而肩大任，或以韬略而扶危局，皆旷世雄材，不待文王而兴者也。然少数天才，处极衰之社会，终难大展所志。虽扶倾于一时，而无以立不拔之基矣。比两都沦陷，船山、习斋、亭林诸大哲人，始力变学风，期于道器兼综，体用赅备，一洗空疏迂陋之风，而归于实事求是。上继宋儒复兴晚周文化之遗轨，而皆绳正其偏，救治其弊。又可谓吾民族之几矣。然清人起塞外，帝中原，胡俗未革也。猜心、暴性，未能遽易也。中原人士新附者，多隐为怨刺之诗焉，其必有以使之然也。于是士大夫不敢尽其材力于思想之途，而相率以考据之业，自了生涯。明季诸儒之流风尽泯矣。自五胡变后，几二千年，元气未复。此一大段气运，经久而无甚变更。岂不异哉？

要之，此长远期间之扰乱，为本国边塞人与中原人之内乱（吾国本部，概称中原）。由六代迄今，中原固屡伤元气，而边塞诸部，亦以争夺中原，而卒归凋谢。朔北之元室，东北之鲜卑、辽、金、清，其结果都无善状。甲既受害（谓中原），乙亦无利（谓塞外）。历史事实，昭昭可按。甚矣，兄弟阋墙之祸，宜深戒也。

四、近现代史略说

尝谓吾国历史，自上世迄今，有两大变迁。一是自三皇五帝，下逮战国，如此悠远时期，为本国中原内争时代。盖中原分为无数侯国，竞智竞力，互争雄长。但同为有高深文化之国，故于争竞之中，自有切磨之益，此古代所以强大而文明也。此等局面，至周代春秋、战国，变化日亟。小弱国家，渐为强盛者所兼并。至秦皇，而遂开大一统之基，以遗之汉氏，是为中原团结而不复分离之始。二是自晋世五胡之祸，迄于清室运终，为本国边塞与中原内争时代。其情形，已略见前文，可不复赘。自秦以前，中原列国并峙。各国人民，多有参政力量。故边塞骄悍者，虽有时内侵，终不能为巨害。如犬戎弑幽王，乃是偶然之事。若幽王不宠褒姬，以坏烽火之令，犬戎何能为乎？邢卫困于狄，亦是暂时。齐桓一度北伐山戎，而诸夏安宁累世。可见中原民力之强固也。由秦而下，宇内大一统。中原人民益散漫无组织。参政力量，无所表现。边塞人民，政府又常漠然遇之，而无声教以加乎其间。故边塞每以其暴力，而摧中原之文弱。虽云暴力如狂风骤雨，不可常胜，然当其突至时，则中原受害矣。自魏晋迄于清运造终，如此悠远时期，纯是本国边塞与中原内争时代。在此长期内争之中，边塞人民既缺乏文化，中原又常受暴力伤残。故吾国社会各方面在此长期中极少进化，此可谓睡狮久疲不起之会也。然亦有相当成功焉。即边塞人民渐染中原文化，而中原之对于边塞，亦渐去其隔阂，相亲如一体。明太祖既驱除元室，命学士为文，祭告天地。文中目元人为胡虏，极其丑诋。太祖大怒，命改作焉。帝王大度，中外一家，无有畛域，诚盛德也。清人入关，自道咸以降，汉满界限，荡然无存。此虽清人努力同化，然边塞与中原融洽，却是累朝演进之结果，非自有清一代而始然也。

或曰：清入中原后，曾胡等犹扶植之，而彼族姓衰耗焉，何也？答曰：此其先辈贻谋不臧也。悉其族姓，以据中原，其心之私而猜也。天道恶盈，有不期而然者。若一向保其支庶于故土，虽逊帝位，而族姓能育，同建共和之规，不亦美乎？虽然，自今以后，五族一体也，则彼又何衰耗之云？

或曰：过去之事，既闻命矣，敢问兹后民族前途，将何如耶？答曰：世变复杂，日益奇诡。虽在大圣，有所不可知也，而况于余乎？然数往知来，有可预言者三。

一曰，吾国大一统之局势，不宜于过去闭关绝无与竞之环境。今后全球交接，东西文化，互相流通。虽疲怠睡狮，未能骤尔适应此新环境。然此新环境之有利于我，则万不容疑也。

二曰，吾国上古中原列国长期内争之局，至秦而始息。中古以来，边塞与中原长期内争之局，至民国而始息。清末排满，本为政治革命之一种手段，非真有族姓恶感也。民国肇建，五族共和，载在约法。将二十四史中，误视边塞先民为异族、为敌国之谬误观念，已经一扫而空。此为民族心理上之重大改革，最不容忽视者也。（此种心理上之改革，一方面由国内渐见融洽，一方面由世界大通，中原与边塞都把目光向外看去，才知自家团结为要。）开国二十余年，虽因内忧外患，不遑建设。然政府用才，中外无所偏倚（中谓中原。外谓边塞）。纵未能十分满意，然较以清世，则塞外人才，登庸为易。若政治上轨，边方兴学，后此改良之事，必与日俱多。至就边塞同胞之国家观念而言，其进步亦远逾畴昔。此次对日抗战，凡我全族（五族同源，已如前说。故不分言五族，而云全族），一德一心，无有携贰，虽德王被劫持于仇敌，料亦非其本心。吾中华伟大的民族，发挥其伟大的团结力，方且自兹开始。向后科学昌明。西北、东北各大陆开交通，尽地利，讲生产，则如严又陵所云，大陆之势盛，将夺海权。其必有验焉，无疑也。

三曰，中国文化，至高尚，至幽深。欲析言之欤，而若无所可言者。若复唾弃之，以为无物欤，则又若有物焉。广乎漠乎，上际于天，而不可测其高也；下彻乎地，而不可测其深也。体穷神知化之妙，于人伦日用之中。所以酬酢万物，网维万事者，其道无在，而无所不在。事物灿殊，无非天则著见。人生日用，一皆天理自然。（此段，字字吃紧。）得乎此，而后知人道之至尊至乐也。世固有纵心外驰，逐物求理，逞欲无餍者。其事，吾亦不谓无是处。但有辨物析理之长，而无归根复命之道。是溯流而忘其源也。如欲格物而不口于道（道者，万物之原也。一切事物所共由之以成也。各科学之研究，皆止于事物互相关系间的法则而已。若不能穷极乎道，而实体之于己，则人生徒恃零碎的知识，而自述其本根。中土玄学，持较西洋，别是一种面目。科学兴，而斯学终不可废），用知而克全其神（神者心也。老庄反知，谓足以扰攘其心故也。儒者不然，但从事涵养。常今此心虚静宁壹，而无速妄杂染，则格物致知，乃此心自然之妙用。何有以知而扰攘其心乎？然必有内心涵养一种学问。故其神全，而不滞于物。否则逐物而丧其心之所持，竟不识有自心。则老庄反知，非无故矣），厚生而不迷其性（性，即道也。以其为万物所共由之而成，则曰道。以其为吾人所以生之理，则曰性。物质上的需要，所以厚生，不可废也。故绝物与断欲，必非人而后可。道不远人。吾先哲未尝以此为道也。然必有尽性之学焉，然后能用物而不役于物，从欲而不逾其矩。否则人生只陷弱于物欲之中，老子所以有聋盲爽发狂之叹也），则吾中国文化，确有绝大贡献。何可弃哉？何可弃哉？现代所谓文明人者，皆失其本心，而习于向外骋逞。纵欲殉物，因不得不出于抢夺，而陷于人类自毁之途。将图所以救之？非导之于中国文化，终不可得救也。吾确信中国文化不可亡。但吾国人努力于文化之发扬，亦必吸收西洋现代文化，以增加新的元素，而有所改造。不可令成一种惰性。是则余之所望也。综上三事，皆吾民族独具之优点。前途发展情状，吾不能知。其有可以发展之基，则上述三事是已。（广大的国家，广大的民族，高深的文化，在今后的世界，而有此三，真是优点。）老仆所知，亦止此而已。

结　语

中古史第二期，甚关重要。吾本欲详谈，兹当作罢。第二期以下，暨近古、近代各期，更付阙如。一因天气热闷，二因吾精力疲困，不得不截止。唯当此抗战时期，吾有一坚确信念：日本人决不能亡我国家，决不能亡我民族。日本者，古之所谓倭国也。其种族，则不知所自出。当吾国东汉光武时，其国主遣使来朝，自称大夫。后其国主，并受中国爵命。其国文化，过去完全模仿中国。此世所共知，不待多谈。然日人实不能了解吾国文化的广大精微处，不堪接受吾先哲高尚的理想与伟大的精神。自元代以后，他常寇害吾国。吾国人向来宽大，全无怀恨复仇的心理，而日本人竟处心积虑想灭吾国、亡吾种。此等野心，吾人今后不能忽视。但愿日人能自反省。日人今虽力效西洋，以强国自命，然素无文化，纯从外袭。其俗淫乱，绝无天伦，有禽兽所不为者。其人习于残忍，无复人性。其对外，概以狡诈与凶暴。虽云施之他国，然此等根性养成，其民族将来欲勿衰亡，何可得也。自古皆有死，民无信不立。圣言毕竟不容摇夺。又日人器量过小，虽横行一时，决定不堪成立大业。此吾敢断言以俟之者。夫日本在昔，本吾华之臣属，又受吾华文化熏陶。值欧力东渐，神州衰微，日人为自身利害计，亦不应阻碍吾华族之兴复运动，以自陷于孤危。眼光稍远者，自能见及此。乃日人出兹下策，乘吾华方新之机而蹂躏之，实乃竭其民力，戕其民命，以赴于膏火自焚之途。利害至明，而彼不悟。由其器小易盈，颠狂以逞，绝无远识故耳。

吾尤有言者。凡历史书，其纪述之体可略说为二：一则考论人物得失。如各方面领袖人物（*谓若古之君相及士大夫，今所谓领袖是也*），其推动社会政治及文化等方面，所发生之影响果何如。此最不可忽者。《春秋》褒贬善恶与别嫌疑、明是非等义，即在乎此。后来史家皆宗之。二则本科学方法，推详社会变迁。如由游牧社会而进为农业社会之类。各时代之一切组织、一切法制及生活情况等等方面，皆互相悬殊。而其或为渐进，或为突跃，又皆有其所以，必非无故而然者。史家述作，必于此推详焉，所以数往知来也。今之治史志者，大抵有意向此做去，而尚未能做到。余以为二种作法，须融合为佳。大概以考论人物得失为主，而社会各阶段中方方面面之变迁，亦必推详而无所遗，方为良史。人物本由社会产出，而却有推动社会的力量。如五官四肢，自整个的生机体中发展出来，而却有运动生机体之功能。旧史注重人物得失，甚有意义。且模范人物对后人具有伟大的感发力。历史家不可不以热烈真诚的意愿，表达伟大人物的精神。须知一个人必有敬仰伟大人物的真切信念，其人便不至堕落，而可日益向上，以进于伟大。否则无好善之几，必为小人禽兽之归。一个人如此，一民族更是如此。若民族普遍的心理，对于伟大人物皆有真切信念，此等民族决不堕落，决不衰亡。反之，则有沦丧之忧，以其无所向往故也。但此所谓伟大人物，系指为善而可法的人物。若凶暴而作大恶者，与浮华哗世者，则根本不成为人，宜为有识所贱弃。一个人，或一民族，如果崇信恶人暴行，或且贵重浮华之士、浅薄之论，其人其民族必衰亡而不可救。又所谓敬仰伟大人物者，原不限于本国本族之先人，但对于先辈有盛大功德者，万不可无敬仰之诚。今吾国人对先辈一概抹煞，或谓黄帝大禹等为无其人，或唱打倒孔家店，或以卫霍安边之功，只是帝王走狗。种种怪妄，不可胜举。寇患相乘，岂曰无因。吾愿青年有以自觉也。昔战国末叶，六国之士非尧舜、薄汤武成为风尚，六国遂以崩亡。而吾民族衰象，便伏于此时矣。可不鉴哉！又复有言者，吾国社会就文化方面言，各时代的社会情形，自有许多不同之点。如两汉社会较之战国盛时，便有停滞之象；五胡变乱时之社会，便有激动之象。（*五胡之后，而有盛唐之治，有以也。*）诸如此类，皆可推详。至就生产方面言，吾国本天然农业的国家。在近世海通以前，中国国家确自另为一种最高的文化团体。其文化又别为一种路向，与西洋文化原不同途。因此，中国社会数千年来，在生产方面始终不离农业本位。若以西洋社会变迁的各种阶段强相比拟，终无是处。如果以为不离农业本位之故，或拟为奴隶社会，或拟为宗法社会、封建社会，就片段看去，固然好似说得过去。但如通其全而论之，中国的文化方面，如哲学思想的无神论与心物不分的观念，与世界观念及实践观念等等，均是极高尚宏博，纯粹而无可菲薄的。艺术思想的优越，更是中外公认的。道德方面的宽博态度，更不可求之今日西洋社会。（*西洋人遇*

异国之民，便有猜防。中国人遇外人，则坦怀相与。）其他风俗方面，今日虽敝，然过去优尚之点甚多，兹不暇论。若以中国社会强判为属于未进化的卑陋阶段中，吾诚未知其可。吾愿将来修通史者，于时俗谬误，宜加屏绝。至上古农业初兴，或是由部落进为侯国的时代，其时农民不免为君卿大夫的奴隶，自是势所必然。然自夏朝定田赋制度以后，人民已渐为国家之公民。如盘庚迁都，必得人民同意。可见殷时人民，已享有公民参政权。必谓其完全为奴隶，似嫌武断。又《诗·小雅》"甫田之什"，《毛传》云，刺幽王也，刺其仓廪空，虐政烦。赋重，农人失职。按此诗有云："攸介攸止，烝我髦士。"《毛传》，烝进，髦俊也。治田得谷，俊士以进。《郑笺》云："介，舍也。礼，使民锄作耕耘。闲暇，则于庐舍及所止息之处，以道艺相讲肄，以进其为俊士之行。"考《笺》与《传》，词有详略，而义相和会。《传》云俊士以进，似谓进而用之在位也。《笺》云进其俊士之行，虽不必即用之理政事，然贤能之兴，实所以备登庸也。《传》于休介休止句无训释，《笺》说为详。据此，则西周农人已多为国家之俊士。而今后生犹谓其属于奴隶，岂不异乎？又《小雅》诸诗，刺当时社会政治之黑暗，发于义愤，诋呵无讳，尽其形状，可征民意发抒，民权已盛。今百姓愁惨，而无所谓呻吟，视西周之民，犹弗如也,谓其为奴隶可乎?夫古代奴隶社会时之情事,容有见于后者,如资本主义的社会,岂能全绝封建社会之迹乎?吾所为断断于此者,恐其失中国真相,而历史纯为诬乱之业也。虽诋余以迂陋,吾何敢辞?

第三编　中国历史纲要

唐：帝尧，一代而止。

虞：帝舜，一代而止。

夏：称王，大禹始传子。

商：王，成汤。

周：又分西周（都今陕西西安，故称西周）、东周（都今河南洛阳。平王始迁于此，而周遂衰。诸侯互相攻伐，强者吞弱，大者并小，是为列国之世。周之天子徒建空名而已）。

东周又分春秋之世（鲁国之史记名《春秋》，孔子因而修之。自鲁隐公元年即周平王四十九年至鲁哀公十四年。凡十二公，二百四十二年。此二百四十二年间，称为"春秋"之世。名为鲁史，实记有列国之事，王朝之争亦多记载）、战国之世（自春秋之后，列国互相吞并，仅余七大国：曰秦、曰楚、曰齐、曰韩、曰赵、曰魏、曰燕。是称七雄，亦曰列强）。

秦：七国时之秦至王政，始灭六国，废东周君，混一大宇而成一统。王政既一天下，遂称始皇帝，欲传之万世。卒至二世而亡。

汉：又分西汉（西汉自高皇帝都长安，即西周与秦之故都。周自平王东迁于洛，长安以之封秦伯，而秦渐强，为大国。至政遂统一天下，仍都长安。汉高帝姓刘名季，今江苏沛县人。以平民起而为天子。复都长安，称西汉）、东汉（汉臣王莽篡汉，及身而灭。汉之后裔刘秀起而恢复帝业，称光武皇帝。迁都洛阳，是为东汉）。

三国：东汉之末，天子失道，群臣并起称雄，互相攻伐，而后成魏、蜀、吴三国鼎立之势。（曹操传子丕，遇汉献帝禅位，是为魏文帝。刘备以汉之后裔，称帝于今四川成都，是为昭烈皇帝，国号汉。孙坚与其子孙策、孙权起于江东，至权而称帝。国号吴，都今之南京。江苏省江宁府地。）

晋：魏之臣司马炎始逼魏帝禅位，而自称帝。时蜀汉已灭，又复灭吴，天下又一统。建都洛阳，是为西晋（对东晋之都南京而名西故）。又分西晋（司马炎统一天下，至其子惠帝愚蠢，旋有八王之乱，五胡入中国，中国亡于胡）、东晋（中国北部虽亡于五胡，而晋元帝以诸王起而抗敌，卒在南京建都而绍正统。然河南、陕西、山东诸省之地，尚有属晋者）。

前五代：东晋在江左成偏安之局，国势不振。

晋后为其臣刘裕所篡，国号宋。是为刘宋，亦都南京。

宋又为其臣萧道成所篡，国号齐。

齐又为其臣萧衍所篡，国号梁。（梁武帝与齐同族。）

梁又为其臣陈霸先所篡，国号陈。

晋、宋、齐、梁、陈，是称五代。若并隋而言之，则称六朝。

隋：杨坚以北朝周之臣，篡周而并有北方。又灭南朝之陈而统一天下。是为隋文帝。传子广，禽兽也。遂亡。

唐：唐李渊及其子世民，以隋臣起而有天下。国号唐。亦都长安。世民即太宗皇帝。是为汉以后中国极盛时代。

唐以前，北有诸胡各建国，所谓五胡十六国。此中不详。诸胡在北者，统称北朝。南方则自东晋以至于陈，统称南朝。故史于齐称南齐者，以齐为南朝之齐，别于北朝之齐也。

后五代：唐之衰也，朱温以群盗，起而称天子，国号梁，史亦称后梁。

李存勖本胡人（沙陀族），自其先世官于唐，唐赐之国姓李氏（收为养子之意）。至存勖始大。乘梁之亡而称帝。自谓绍唐之业，国号曰唐。是为后唐。

石敬瑭亦胡人（沙陀族）。借契丹援兵灭后唐，继后唐为帝。史称石晋，亦云后晋。都汴，今河南开封。

刘知远亦胡人，代石晋而自立。托名汉之后，国号汉。史称后汉。

郭威，汉族也。灭后汉，国号周。史称后周。都今之开封。

五代，共五十二年。其时天下昏乱，民生涂炭。所谓君若臣，皆犬马不如者也。朝夕变节，不成为人。比于六朝，犹远不如之。唯周世宗可谓贤主，惜其年不永，身丧而幼主继之，君位遂禅于宋祖。

宋：分北宋（北宋都今之开封。宋太祖赵匡胤本周臣也。值世宗崩，幼主立，承五代之衰，君臣无固定之分谊。诸将不服事幼主，皆拥匡胤为帝。帝即位后奖励名节，兴儒学。唐以后，至此乃称一统政治之体焉。宋代新儒学之盛，亦宋祖提倡之效也）、南宋［宋虽一统，而国力之强，远不如汉、唐。中国疆域被胡人割据者，亦多未能收回。及徽宗、钦宗二帝为金人（胡也）所虏，宋之宗室康王构，南渡至今之杭州。遂驻此而立为帝，绍中国之正统，是为南宋，所谓高宗是也。构昏庸，犹不及东晋元帝，其疆域比东晋更狭矣］。

元：南宋之末，为蒙古所灭。蒙古亦号鞑靼，盖古匈奴之族类。本无文化，如鸟兽然。其人强悍善战，起自北方。先灭金，次南下而灭我宋室，遂入关而称帝，改号曰元。都今之北平。北平自周时，燕国都于其间。其后至五代时，胡族有耶律氏，初名契丹，后改为辽，居今之热河。后梁时阿保机称帝。其境域东至日本海，西至天山，包有今内外蒙古及直隶、山西之北境。凡九主，二百一十年，为金所灭。辽都于今之北平。金既灭辽，亦都于此。元灭金又都于此。明灭胡元，而成祖复由南京迁都于此。清人入关又都之。民国初年又都之。

明：我大明太祖高皇帝姓朱名元璋，今安徽凤阳人。以平民起而驱逐胡元于塞北，恢复我汉族之独立。遂绍帝位，宅都于今之南京。至其子成祖皇帝，仍迁都北平，号北京。自太祖至永明帝之亡，约三百年。而清朝又以胡人侵入吾国矣。

清：本金人之裔。金，胡也。于宋代曾据我国北部称帝。金原名女真，姓完颜氏，世居我国东北松花江之东，服属于辽。及宋徽宗时，阿骨打称帝，都会宁①，即今吉林，号曰金。灭辽攻宋，有今东三省、黄河流域各省及江苏、安徽、淮北之地。凡九主，一百二十年，为蒙古所灭。然至明朝，其后裔又盛。始则臣事我大明皇朝，终乃叛而称兵入关。自福临始

---

① 今属黑龙江阿城，民国时期曾属吉林省。

据北京。建年号曰顺治。凡十主，二百六十八年。溥仪逊位，而中华民国始成立。

鄂省者，故楚地也。中国内部十余省之中心也。中原之民富于民族思想，独立自由之风，鄂人为甚。元之盗踞中夏也，其势甚盛。而徐寿辉、陈友谅、方国珍诸氏，皆起于鄂、闽而称皇帝，以抗胡元。明祖因之以成其功。实则徐、陈、方三帝之力，不可忘也。清之盗踞中土也，二百余年。卒因武昌义师勃起，而清运以终。然则鄂人抗拒异族侵陵之力，有足多者。今后扫除倭寇，尤殷望于吾三楚之子弟也。

又补：

五帝：伏羲、神农、黄帝、尧、舜。

三王：夏禹、商汤、周文王及其子武王。合称三王，实有四人。

周之贤王，文武而后有成王（武王子）、康王（成王子），后有宣王，中兴周室。东周以后，灵王稍好，要皆微弱无可称。

五霸：亦作伯。齐桓公、晋文公、宋襄公、秦穆公、楚庄王。

春秋时，楚以子爵而渐强大，常用兵以侵略北方诸国。南方诸小国皆为其所吞并。楚遂僭称王，欲代周天子而自立为王也。北方诸侯国，除齐、晋等大国外，亦多臣服于楚人之下。盖俨然代周而兴矣。

王道以德服人，伯者以力服人。（秦始皇亦雄主也。）

汉之贤帝：高帝、惠帝（高帝子）、文帝（高帝子）、景帝（文帝子）、武帝（景帝子）、宣帝。

东汉：光武帝、明帝、章帝。

蜀汉：昭烈帝。

唐之贤帝：太宗贞观（太宗年号）之治称盛。玄宗开元之治不终。宪宗稍好。

五代：周世宗好。

宋：太祖、太宗稍为强者，仁宗好，余皆平平。

南宋：孝宗稍好，亦不足有为。

明：太祖、成祖较为强者。仁宗亦好，惜不永。

汉初贤相：萧何、曹参与民休息，不妄兴作。史称萧规曹随，言曹能守萧何之遗规而不更张也。

蜀汉：有诸葛亮。

名将：则武帝之卫青、霍去病能逐匈奴于塞外。赵充国亦却匈奴。此其著也。自余不可胜数。

唐初：辅成贞观之治者，称房玄龄、杜如晦、魏徵诸公。

姚崇之相玄宗，亦救时良相。后有裴度。

宋之贤相：有李沆、王旦、范仲淹、富弼、韩琦、文彦博、赵抃、司马光等。王安石变法而无成功，其学有足称者。

南宋：则李纲甚好，惜高宗昏庸，不能用之也。

宋代少良将才，故武功不竞。

明之贤相殊不多，三杨皆平平耳。晚叶，乃有张居正，湖北江陵人，乃杰出之才。将有熊廷弼，更为汉以来特出之伟大人物，惜为小人所害，昏主不能辨而杀之。中国遂于胡清矣。

三杨者，明仁宗时杨士奇、杨荣、杨溥并为名臣，世号三杨。

附一　五胡十六国

五胡者，匈奴、鲜卑、羯、氐、羌也。东汉以来，五胡先后移于塞内，势力渐增。西晋末，先后占据北方及西蜀。始于晋永兴元年，讫宋元嘉十六年。历百三十年而始灭亡。列国十六：五凉、二赵、三秦、四燕、夏、成汉是也。又有冉魏及西燕，则不在十六国之列。

五胡十六国表

国名	始祖	种族	所据地	灭其国者
前凉	张茂	汉	姑臧	前秦
后凉	吕光	氐	姑臧	后秦
南凉	秃发乌孤	鲜卑	乐都	西秦
北凉	沮渠蒙逊	匈奴	张掖	北魏
西凉	李暠	汉	酒泉	北凉
前赵	刘渊	匈奴	平阳	后赵
后赵	石勒	羯	临漳	前燕
夏	赫连勃勃	匈奴	统万	北魏
成汉	李雄	氐	成都	东晋
前燕	慕容皝	鲜卑	邺都	前秦
后燕	慕容垂	鲜卑	中山	北燕
南燕	慕容德	鲜卑	庆固	东晋
北燕	冯跋	汉	昌黎	北魏
前秦	苻坚	氐	长安	西秦
后秦	姚苌	羌	长安	东晋
西秦	乞伏国仁	鲜卑	金城	夏

西燕者，晋时鲜卑族慕容冲破苻坚兵，据今陕西咸阳称帝，史称西燕。凡三主，十年。为后燕所灭。

冉魏，晋时冉闵杀后赵主石鉴自立，国号魏。三年。为前燕所灭。

五胡十六国，天下纷裂已极。及北魏兴，渐统一北方，胡运犹未已也。

北魏：亦称后魏，姓拓跋氏。晋时拓跋自立为代王，国号魏。都平城，今山西大同。称帝，史称后魏。以其为北朝也，又称北魏。有今河北、山东、山西、甘肃及江苏、河南、陕西之北部，奉天之西部（奉天今改辽宁）。传至孝文帝，迁洛阳，改姓元氏，故称元魏。凡十二主，一百四十九年。分为东西魏，为高氏、宇文氏所篡。

东魏：后魏之末，孝武帝西奔，高欢别立孝静帝，是为东魏。

西魏：孝武帝西奔，依宇文泰都长安，是为西魏。凡三主，二十三年。禅位于北周。

北周：宇文觉受西魏禅，号曰周，史称北周，又称后周。都长安。灭齐，统一北方。凡五主，二十四年。禅位于隋。

北齐：先是怀朔人高欢仕后魏，镇朔方，起兵平尔朱氏之乱，拥立孝武帝。欢为丞相，专权。帝西走，依宇文泰。欢别立孝静帝。由是魏分东西。及子高洋篡魏，国号齐，史称北齐，亦称高齐。都邺，今河南安阳县是也。有今直隶（河北）、山东、山西、河南及奉天西部之地。凡五主，二十八年。为北周所灭。

北汉：晋时匈奴刘渊称帝，号曰汉，史称北汉。后改为赵，史称前赵。见五胡十六国表。

前秦：见五胡十六国表。氐族苻氏，据关中，国号秦，史称前秦。其盛时南至邛僰，东抵淮泗，西极西域，北尽大碛。凡七主，四十五年。为后秦所灭。

后秦：见五胡十六国表。羌族。姚苌弑秦王苻坚，自称秦王，史称后秦。据长安。有今陕西中部、河南南部、甘肃东部之地。凡三主，三十四年。为东晋所灭。

五胡十六国中间有汉人，而势力不盛。如张轨踞凉州，有今甘肃兰山道以西之地。其子茂称凉王，史称前凉，凡九主，七十六年。而灭于前秦。惜夫！北燕，则冯跋踞热河境称王。凡二主，廿八年，为后魏所灭。西凉，李暠踞今甘肃敦煌县，称凉公。凡三主，二十一年。暠乃唐之祖也，亦是汉人。

以上略谈晋世，即史所谓南北朝时代，北方诸胡之纷纷者也。吾族经此蹂躏，亦惨极矣。

后五代之世，有所谓十国。列表如下：

国名	始祖	据地	灭其国者
吴	杨行密	淮南	南唐
南唐	李昪	江南	宋
闽	王审知	福建	南唐
前蜀	王建	四川	后唐
后蜀	孟知祥	四川	宋
南汉	刘龑	庆州	宋
北汉	刘旻	山西	宋
楚	马殷	湖南	南唐
南平	高季兴	荆南	宋
吴越	钱镠	两浙	宋

吴越：钱镠踞杭州，有今浙江全省之地。凡七主，八十四年。纳土归宋。杭州之建都自此始。

吴：杨行密踞淮南，兼有江西，国号吴。凡四主，四十六年。为徐知诰所篡。

南唐：徐知诰受吴禅，称帝于金陵。国号唐，史称南唐。有今江苏、安徽之淮南、福建、江西及庆西北部。凡三主，三十九年，为宋所灭。知诰，徐州人，为徐温之养子。先姓徐，后复本姓——李，名昪。李后主，词最妙，古今无有及之者。偏方割据之帝，卒为亡虏。盍若身为匹夫而仅以词人名之为愈耶？

南汉：刘隐之弟刘龑称帝于庆州，国号越，改称汉，史称南汉。有今庆东及庆西南部。四主，六十八年。灭于宋。

南平：亦称荆南。唐末高季昌为荆南留守，后唐封南平王，有湖北荆州府之地。凡五主，五十七年。后纳土归宋。

楚：马殷踞长沙，奄有湖南及庆西东部，称楚国王。为南唐所灭。

附二　中国历史应注意之点

自夏、商迄于周为封建诸侯之世，虽戴有天子为共主，而实则诸侯有国，大夫有家，各有其土地，各以其所抚之人民为农奴而已，所谓封建社会是也。

春秋迄于战国，渐去封建之习，工商业渐兴，人民亦渐知争独立自由。其时学术勃兴，所谓诸子百家扬光辉于大地。吾国所以为东亚文明之祖邦者，自此始也。其文化之美，犹将遗泽于未来世界之人类也。是时思想之派别，略言之，有儒家、道家、墨家、名家、法家等等。而农家如许行，其说略存于《孟子》，则极端之社会主义者也。

秦废封建，改郡县，是为一大变。汉高以平民起而革暴秦之命，又为一大变。

秦汉始开大一统之局，后虽常有分裂，而究常归于一统。此亦一大变。

汉魏以后，五胡乱华，吾民族始衰。此为一大变。

汉魏以后，印度佛家思想渐入中国。此为一大变。

魏晋之篡弑最卑鄙险诈，后来奸邪皆效之。此实我民族衰亡之主因。盖卑鄙险诈之风，使人失其性而不成乎人，欲不衰而不得也。曹操父子与司马懿父子祖孙之罪，不可逭也。其为人，粪蛆不如也。此为一大变。

汉末群雄与董卓之难，唐末藩镇与黄巢、朱温之盗贼，流毒天下。其流至于今，而军阀与土匪犹承继不绝也。此皆须注意。

宋初，儒学兴，反对印度佛家思想。此为吾固有文化复兴之兆。

元人始以异族全制中国。此一大变。后则清又如之矣。

明祖驱除异族，我民族始解放而独立。此可庆幸。

明之末世，政治贪污败坏不可形容，民生凋敝已极，故胡清得入。今之世，又如明季。

国家新闻出版广电总局
首届向全国推荐中华优秀传统文化普及图书

大家小书书目

国学救亡讲演录	章太炎 著 蒙木 编
门外文谈	鲁迅 著
经典常谈	朱自清 著
语言与文化	罗常培 著
习坎庸言校正	罗庸 著 杜志勇 校注
鸭池十讲（增订本）	罗庸 著 杜志勇 编订
古代汉语常识	王力 著
国学概论新编	谭正璧 编著
文言尺牍入门	谭正璧 著
日用交谊尺牍	谭正璧 著
敦煌学概论	姜亮夫 著
训诂简论	陆宗达 著
金石丛话	施蛰存 著
常识	周有光 著 叶芳 编
文言津逮	张中行 著
经学常谈	屈守元 著
国学讲演录	程应镠 著
英语学习	李赋宁 著
中国字典史略	刘叶秋 著
语文修养	刘叶秋 著
笔祸史谈丛	黄裳 著
古典目录学浅说	来新夏 著
闲谈写对联	白化文 著
汉字知识	郭锡良 著
怎样使用标点符号（增订本）	苏培成 著
汉字构型学讲座	王宁 著

诗境浅说	俞陛云 著
唐五代词境浅说	俞陛云 著
北宋词境浅说	俞陛云 著
南宋词境浅说	俞陛云 著
人间词话新注	王国维 著 滕咸惠 校注
苏辛词说	顾 随 著 陈 均 校
诗论	朱光潜 著
唐五代两宋词史稿	郑振铎 著
唐诗杂论	闻一多 著
诗词格律概要	王 力 著
唐宋词欣赏	夏承焘 著
槐屋古诗说	俞平伯 著
词学十讲	龙榆生 著
词曲概论	龙榆生 著
唐宋词格律	龙榆生 著
楚辞讲录	姜亮夫 著
读词偶记	詹安泰 著
中国古典诗歌讲稿	浦江清 著
	浦汉明 彭书麟 整理
唐人绝句启蒙	李霁野 著
唐宋词启蒙	李霁野 著
唐诗研究	胡云翼 著
风诗心赏	萧涤非 著 萧光乾 萧海川 编
人民诗人杜甫	萧涤非 著 萧光乾 萧海川 编
唐宋词概说	吴世昌 著
宋词赏析	沈祖棻 著
唐人七绝诗浅释	沈祖棻 著
道教徒的诗人李白及其痛苦	李长之 著
英美现代诗谈	王佐良 著 董伯韬 编
闲坐说诗经	金性尧 著
陶渊明批评	萧望卿 著

古典诗文述略	吴小如 著
诗的魅力	
——郑敏谈外国诗歌	郑敏 著
新诗与传统	郑敏 著
一诗一世界	邵燕祥 著
舒芜说诗	舒芜 著
名篇词例选说	叶嘉莹 著
汉魏六朝诗简说	王运熙 著 董伯韬 编
唐诗纵横谈	周勋初 著
楚辞讲座	汤炳正 著
	汤序波 汤文瑞 整理
好诗不厌百回读	袁行霈 著
山水有清音	
——古代山水田园诗鉴要	葛晓音 著

红楼梦考证	胡适 著
《水浒传》考证	胡适 著
《水浒传》与中国社会	萨孟武 著
《西游记》与中国古代政治	萨孟武 著
《红楼梦》与中国旧家庭	萨孟武 著
《金瓶梅》人物	孟超 著 张光宇 绘
水泊梁山英雄谱	孟超 著 张光宇 绘
水浒五论	聂绀弩 著
《三国演义》试论	董每戡 著
《红楼梦》的艺术生命	吴组缃 著 刘勇强 编
《红楼梦》探源	吴世昌 著
《西游记》漫话	林庚 著
史诗《红楼梦》	何其芳 著
	王叔晖 图 蒙木 编
细说红楼	周绍良 著
红楼小讲	周汝昌 著 周伦玲 整理

曹雪芹的故事	周汝昌 著	周伦玲 整理
古典小说漫稿	吴小如 著	
三生石上旧精魂		
——中国古代小说与宗教	白化文 著	
《金瓶梅》十二讲	宁宗一 著	
中国古典小说名作十五讲	宁宗一 著	
古体小说论要	程毅中 著	
近体小说论要	程毅中 著	
《聊斋志异》面面观	马振方 著	
《儒林外史》简说	何满子 著	
我的杂学	周作人 著	张丽华 编
写作常谈	叶圣陶 著	
中国骈文概论	瞿兑之 著	
谈修养	朱光潜 著	
给青年的十二封信	朱光潜 著	
论雅俗共赏	朱自清 著	
文学概论讲义	老舍 著	
中国文学史导论	罗庸 著	杜志勇 辑校
给少男少女	李霁野 著	
古典文学略述	王季思 著	王兆凯 编
古典戏曲略说	王季思 著	王兆凯 编
鲁迅批判	李长之 著	
唐代进士行卷与文学	程千帆 著	
说八股	启功 张中行 金克木 著	
译余偶拾	杨宪益 著	
文学漫识	杨宪益 著	
三国谈心录	金性尧 著	
夜阑话韩柳	金性尧 著	
漫谈西方文学	李赋宁 著	
历代笔记概述	刘叶秋 著	

周作人概观	舒 芜	著
古代文学入门	王运熙 著	董伯韬 编
有琴一张	资中筠	著
中国文化与世界文化	乐黛云	著
新文学小讲	严家炎	著
回归,还是出发	高尔泰	著
文学的阅读	洪子诚	著
中国文学1949—1989	洪子诚	著
鲁迅作品细读	钱理群	著
中国戏曲	么书仪	著
元曲十题	么书仪	著
唐宋八大家 ——古代散文的典范	葛晓音	选译
辛亥革命亲历记	吴玉章	著
中国历史讲话	熊十力	著
中国史学入门	顾颉刚 著	何启君 整理
秦汉的方士与儒生	顾颉刚	著
三国史话	吕思勉	著
史学要论	李大钊	著
中国近代史	蒋廷黻	著
民族与古代中国史	傅斯年	著
五谷史话	万国鼎 著	徐定懿 编
民族文话	郑振铎	著
史料与史学	翦伯赞	著
秦汉史九讲	翦伯赞	著
唐代社会概略	黄现璠	著
清史简述	郑天挺	著
两汉社会生活概述	谢国桢	著
中国文化与中国的兵	雷海宗	著
元史讲座	韩儒林	著

魏晋南北朝史稿	贺昌群 著
汉唐精神	贺昌群 著
海上丝路与文化交流	常任侠 著
中国史纲	张荫麟 著
两宋史纲	张荫麟 著
北宋政治改革家王安石	邓广铭 著
从紫禁城到故宫——营建、艺术、史事	单士元 著
春秋史	童书业 著
明史简述	吴晗 著
朱元璋传	吴晗 著
明朝开国史	吴晗 著
旧史新谈	吴晗 著 习之 编
史学遗产六讲	白寿彝 著
先秦思想讲话	杨向奎 著
司马迁之人格与风格	李长之 著
历史人物	郭沫若 著
屈原研究（增订本）	郭沫若 著
考古寻根记	苏秉琦 著
舆地勾稽六十年	谭其骧 著
魏晋南北朝隋唐史	唐长孺 著
秦汉史略	何兹全 著
魏晋南北朝史略	何兹全 著
司马迁	季镇淮 著
唐王朝的崛起与兴盛	汪篯 著
南北朝史话	程应镠 著
二千年间	胡绳 著
论三国人物	方诗铭 著
辽代史话	陈述 著
考古发现与中西文化交流	宿白 著
清史三百年	戴逸 著

清史寻踪	戴　逸	著
走出中国近代史	章开沅	著
中国古代政治文明讲略	张传玺	著
艺术、神话与祭祀	张光直	著
	刘　静　乌鲁木加甫	译
中国古代衣食住行	许嘉璐	著
辽夏金元小史	邱树森	著
中国古代史学十讲	瞿林东	著
历代官制概述	瞿宣颖	著
宾虹论画	黄宾虹	著
中国绘画史	陈师曾	著
和青年朋友谈书法	沈尹默	著
中国画法研究	吕凤子	著
桥梁史话	茅以升	著
中国戏剧史讲座	周贻白	著
中国戏剧简史	董每戡	著
西洋戏剧简史	董每戡	著
俞平伯说昆曲	俞平伯 著　陈　均	编
新建筑与流派	童　寯	著
论园	童　寯	著
拙匠随笔	梁思成 著　林　洙	编
中国建筑艺术	梁思成 著　林　洙	编
沈从文讲文物	沈从文 著　王　风	编
中国画的艺术	徐悲鸿 著　马小起	编
中国绘画史纲	傅抱石	著
龙坡谈艺	台静农	著
中国舞蹈史话	常任侠	著
中国美术史谈	常任侠	著
说书与戏曲	金受申	著
世界美术名作二十讲	傅　雷	著

中国画论体系及其批评	李长之 著	
金石书画漫谈	启 功 著	赵仁珪 编
吞山怀谷		
——中国山水园林艺术	汪菊渊 著	
故宫探微	朱家溍 著	
中国古代音乐与舞蹈	阴法鲁 著	刘玉才 编
梓翁说园	陈从周 著	
旧戏新谈	黄 裳 著	
民间年画十讲	王树村 著	姜彦文 编
民间美术与民俗	王树村 著	姜彦文 编
长城史话	罗哲文 著	
天工人巧		
——中国古园林六讲	罗哲文 著	
现代建筑奠基人	罗小未 著	
世界桥梁趣谈	唐寰澄 著	
如何欣赏一座桥	唐寰澄 著	
桥梁的故事	唐寰澄 著	
园林的意境	周维权 著	
万方安和		
——皇家园林的故事	周维权 著	
乡土漫谈	陈志华 著	
现代建筑的故事	吴焕加 著	
中国古代建筑概说	傅熹年 著	
简易哲学纲要	蔡元培 著	
大学教育	蔡元培 著	
	北大元培学院 编	
老子、孔子、墨子及其学派	梁启超 著	
春秋战国思想史话	嵇文甫 著	
晚明思想史论	嵇文甫 著	
新人生论	冯友兰 著	

中国哲学与未来世界哲学	冯友兰 著	
谈美	朱光潜 著	
谈美书简	朱光潜 著	
中国古代心理学思想	潘菽 著	
新人生观	罗家伦 著	
佛教基本知识	周叔迦 著	
儒学述要	罗庸 著	杜志勇 辑校
老子其人其书及其学派	詹剑峰 著	
周易简要	李镜池 著	李铭建 编
希腊漫话	罗念生 著	
佛教常识答问	赵朴初 著	
维也纳学派哲学	洪谦 著	
大一统与儒家思想	杨向奎 著	
孔子的故事	李长之 著	
西洋哲学史	李长之 著	
哲学讲话	艾思奇 著	
中国文化六讲	何兹全 著	
墨子与墨家	任继愈 著	
中华慧命续千年	萧萐父 著	
儒学十讲	汤一介 著	
汉化佛教与佛寺	白化文 著	
传统文化六讲	金开诚 著	金舒年 徐令缘 编
美是自由的象征	高尔泰 著	
艺术的觉醒	高尔泰 著	
中华文化片论	冯天瑜 著	
儒者的智慧	郭齐勇 著	
中国政治思想史	吕思勉 著	
市政制度	张慰慈 著	
政治学大纲	张慰慈 著	
民俗与迷信	江绍原 著	陈泳超 整理

政治的学问	钱端升 著	钱元强 编
从古典经济学派到马克思	陈岱孙 著	
乡土中国	费孝通 著	
社会调查自白	费孝通 著	
怎样做好律师	张思之 著	孙国栋 编
中西之交	陈乐民 著	
律师与法治	江平 著	孙国栋 编
中华法文化史镜鉴	张晋藩 著	
新闻艺术（增订本）	徐铸成 著	
经济学常识	吴敬琏 著	马国川 编
中国化学史稿	张子高 编著	
中国机械工程发明史	刘仙洲 著	
天道与人文	竺可桢 著	施爱东 编
中国医学史略	范行准 著	
优选法与统筹法平话	华罗庚 著	
数学知识竞赛五讲	华罗庚 著	
中国历史上的科学发明（插图本）	钱伟长 著	

出版说明

"大家小书"多是一代大家的经典著作,在还属于手抄的著述年代里,每个字都是经过作者精琢细磨之后所拣选的。为尊重作者写作习惯和遣词风格、尊重语言文字自身发展流变的规律,为读者提供一个可靠的版本,"大家小书"对于已经经典化的作品不进行现代汉语的规范化处理。

提请读者特别注意。

北京出版社